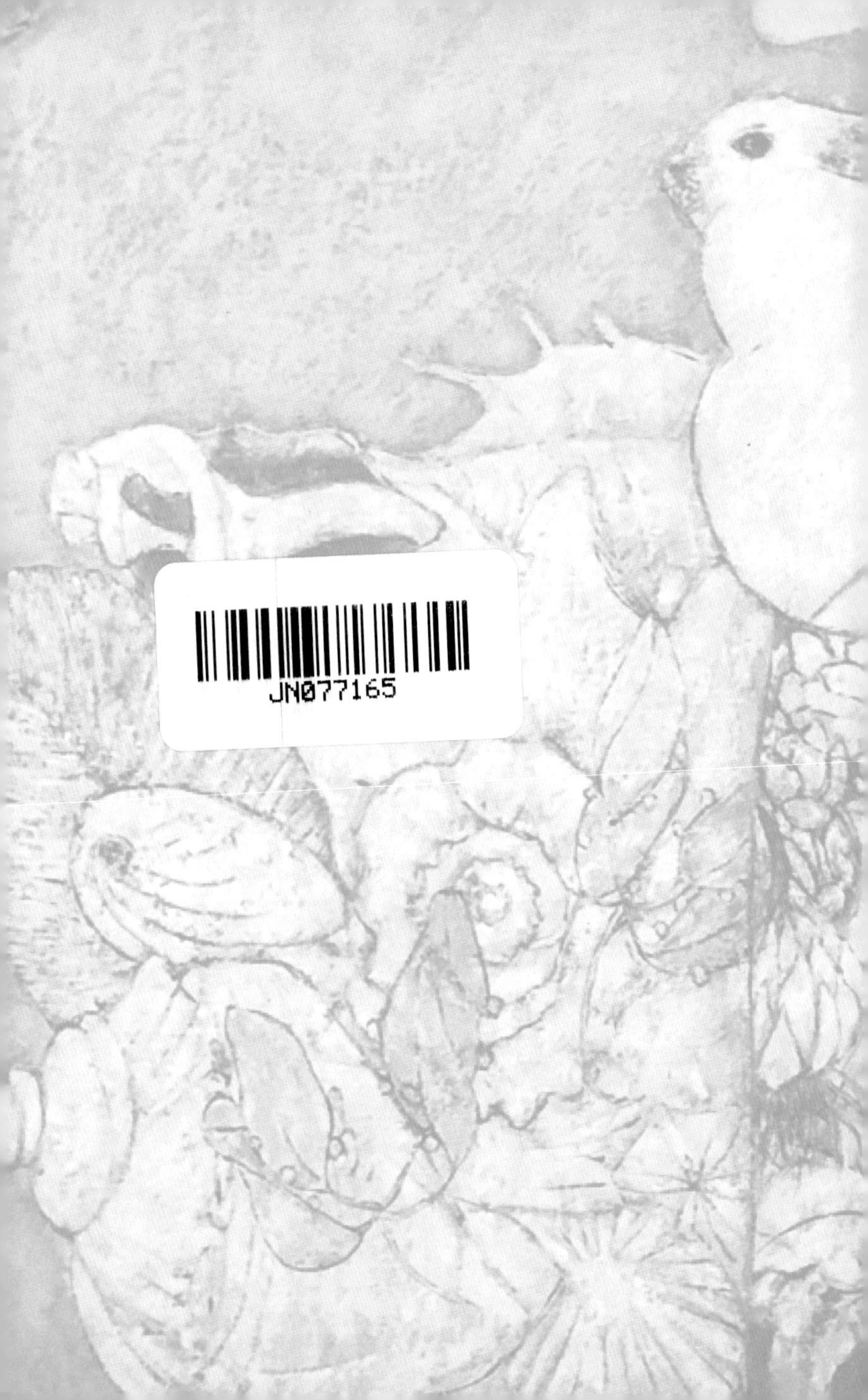

誰も気づかなかった 子育て心理学

基本的自尊感情を育む

近藤 卓 著

金子書房

はじめに

私はこれまで、本当にさまざまな場でお話をさせていただきました。保育園や幼稚園、こども園から、小学校、中学校、高等学校、大学などで、先生方や保護者の皆さんに、話を聞いていただきました。幼児や児童、生徒、学生の皆さんに直接聞いていただく機会も少なからずありました。教育関係のみならず、助産師、看護師、保健師、医師などの医療関係者、児童福祉や臨床心理などの専門家や僧侶など、多種多様な方々にもです。それらを合わせると、毎年五〇～一〇〇回ほどの講演会でお話をする生活が、もう四〇年近く続いています。

かつては、カウンセリングに関する理論や技法についてのお話が多かったように思いますが、最近は、いのちの教育や心的外傷後成長についてや、自尊感情に関する講演の依頼が増えたように思います。

講演会では、多くの場合最後に質疑応答の時間が用意されています。私自身の経験からも、比較的少人数の会場でさえ、そうした場で質問するのはなかなか勇気がいるものだと思います。ところが、五〇〇人を超えるような大きな会場であっても、大抵何人もの方が手を挙げてくださいます。主催者の方が、この地方の皆さんは控えめな方が多いので質問は出ないと思います、と事前におっしゃっていたのとは裏腹に、次々と手が挙がることが珍しくありません。

自画自賛のようですが、講演内容が、切実な問題に対して鋭く切り込む視点を持っているということだと思います。しかも、その切実さが、まさに聴く方自身と、その方の身近な子どもの問題として、具体的なものだということです。そうした質問に対して、短い時間の中ではありますが、できる限り具体的な方向性が得られるようにお答えしているつもりです。

多くの場合、質疑応答は、質問した方が回答を得て終わりではありません。回答者である、私の側にも利得があります。質問にお答えする中で、私自身の考えが深まったり、新たな発想や気づきが得られたりすることが、実に多いのです。

正直に申し上げますと、自尊感情が二つの領域から形成されているという私の考えそのものも、それらの組み合わせで四つのタイプに分けて考えるという発想も、和紙を積み重ねてノリ付けするという「ありのままの自分」の育み方も、どれもこれも聴き手からの質問があって、それに答える形で発想され明確化されてきました。もとより私は大学の教員でもありますから、身近な学生の皆さんたちとの議論も、とても大切です。教師が学生から教えられることの大切さは計り知れません。私自身、たくさんの知恵と示唆、着想などを得てきました。

こうしてできた理論を、何百回もの講演でさまざまな立場の方々に確認していただき、さらに講演と質疑で磨きをかけ精緻化してきたのが、現在の私の理論だと言えるでしょう。そうした意味で、本書の書名の、「誰も気づかなかった」という言葉には、「質疑応答が終わるまで、聴衆も語り手である私自身も気づかなかった」という意味を込めたつもりです。「誰も気づかなかった」ことが、これから先も次々と出てくるに違いありません。少し蓄積ができたころには、本書の続編としてまとめてみたいと思っています。

本書は、講演録ではありませんが、日ごろの講演でお話ししている情景を思い浮かべながら、できる限りその内容に忠実に原稿化しました。

実際の講演では、私は駄洒落を交えた冗談も言いますし、ギターでの弾き歌いもいたします。私としては、三分に一回は笑っていただき、一〇分に一回は感心してうなずいていただき、三〇分に一回は涙をこらえて思わず目頭を押さえる、そんな講演会を理想としています。

今回は、冗談の一部は「コラム」という形で別枠にしてまとめました。冗談は好きではないという方は、その部分は読み飛ばしてください。

第一～三章は講演内容に即したものになっています。そして第四章では、実際に講演会でいただいた質問を取り上げて、プライバシー等に配慮した改変等を行い、それにお答えするという形をとりました。

今回も、金子書房編集部の岩城亮太郎氏の的確な助言と示唆が、本書を整える大きな力になったことを記して、感謝したいと思います。

本書を読んでいただくことで、臨場感あふれる講演会場の空気を満喫していただけるものと思っています。次には、実際に講演会場でお会いできますことを、心より願っております。

二〇一九年十二月

近藤　卓

目次

第二章　子どもに寄り添うということ

第一章　自尊感情の低い子どもたち

ありのままの自分

私は、長年にわたってカウンセラーとして、中学生や高校生と関わってきた。一方で研究者として、心の健康に軸足を置いて調査・研究や実践をしてきた。そうした過程で、いのちの教育を考え、近年では研究主題として自尊感情が中心的なものになっている。

現在、自尊感情の低さは乳幼児期から青年期、そして成人に至るまであらゆる年齢層で大きな問題となっている。子どもたちが、すぐに投げやりになって、途中でやっていたことを放り出してしまう。何事にも自信が持てないでいる。どうせ私なんて、僕なんてなどという言葉を、何かと口にする。何かでうまくいかなかったり、叱られたりしたときに、生まれてこなければよかったとか、死んだほうがいい、といった言葉が出てくる。こうした声を、保育園や幼稚園、小学校、中学校、高等学校の現場でよく耳にする。そこで、子どもたちの自尊感情が低いのではないか、といった議論が出てくるのである。

一九世紀末に定義された概念

自尊感情の低さが、いつごろから問題になり始めたかと調べてみると、一九九〇年代に入ったあたりから、子どもたちの自信とか、やる気の低下や、あるいは「どうせ私なんて」とか、

「勉強できない僕なんて生きていたって意味がない」といったことを口にすることが問題になり始めたようである。ところが、それより一〇年早く、一九八〇年代にはアメリカでも同じようなことがあった。アメリカの子どもたちも自信がない、自尊感情が低いということが、教育の場で問題になった。そのときにアメリカの人たちが依拠した理論が、ウィリアム・ジェームズの“*Principles of Psychology*”という一九世紀末に書かれた本にある（James, 1890）。

その本に、自尊感情の定義が次のような式で示されている。

Self-esteem=Success/Pretensions

つまり、成功と自尊感情が比例しているという定義である。したがって、成功が倍になれば、自尊感情も倍になる。成功が半分であれば、自尊感情も半分の値に下がってしまうというように成功と自尊感情が比例している。電気の分野のオームの法則では、電圧が倍になると電流も倍流れ、電圧が半分になると電流が半分になる。この電圧と電流のような関係で、成功と自尊感情は比例しているというのである。オームの法則では、分母に抵抗が置かれている。つまり、抵抗が小さな値であれば、それほど高い電圧でなくても、大きな電流が流れる。抵抗が大きければ、相当に高い電圧をかけなければ、大きな電流は流れない。

同様に、自尊感情の定義式の分母には「要求（Pretensions）」というものが置かれている。今から一三〇年近く前に、ジェームズが自尊感情を考えたときには、要求というのは各自が決めればいいことで、子どもが自分で決めることだったのであろう。自分の能力とか、自分の家庭環境とか、社会環境とか、いろいろな状況を勘案して、自分はここに行くぞという要求を決めたら、その要求に向かって頑張って、それが成功すれば自尊感情が上がる、保てるということだったと思うのである。当時はこれで妥当な定義式だった。

ところが現代の日本で、この要求を自分で決められる子どもがどれだけいるか。これまでカウンセラーとして、数百人の不登校の中学生、高校生の話を聞いてきた。子どもが私立の中学校へ進んだのに不登校になったとき、その父親や母親は、子ども自身があの私立の中学校を受験したいと言い始めたと言う。しかし、それは本当に子どもが言い始めたのだろうか。それは違うと思う。そう言うように、仕向けたのだと思うのである。父親や母親が直接仕向けてはいないかもしれないが、学校の先生かもしれないし、社会全体の圧力かもしれない。何らかの力が子どもをその方向へ追い立てたと思うのである。あとは道が全部ふさがれて、そこに行くほかないというように追い込まれていったのだろう。

そして中学受験をして、運よく合格した子どもが、これで僕の人生ＯＫだと思っていたら、「要求」の水準がいつの間にか上がっている。この中学校に入れたのなら、今度はあの高校に行けるのではないか。そこで仕方なく、気を取り直してひたすら頑張って、その子は何とかその高校に入学した。ところが、そこに入ったら、次はあの大学のあの学部に行けるだろうと、いつの間にかまた要求水準が上がっている。だから、日本の子どもたちの自尊感情をこの定義式に基づいた自尊感情尺度ではかると、学年が上がるにしたがって、見事に子どもたちの自尊感情は下がっていくということがわかっている。単純に年齢とともに自尊感情が下がるという結果を導くジェームズの定義は、今の時代には十分ではないと考えられる。

しかし、アメリカでは、この定義に従って教育活動が行われた。そして、それがそのまま一〇年遅れて日本に入ってきた。成功すれば自尊感情が上がるわけなので、何かできたら褒めてあげることになる。「すごいね、やったね、できたね」と言って褒めて育てるというやり方が展開されたわけである。自尊感情を高めるために、褒める、認める、評価する、成功体験を積ませるという方法が、日本ではそのまま、もう三〇年近く続けられている。日本中津々浦々に、褒めて育てるという方法が広がっている。ところが、それが続けられてきた教育現場の実感として、違和感や不信感が生まれ始めている。

アメリカでは、一〇年ほど続けられた結果、それだけで本当にいいのだろうかという疑問が出てきて（Dweck, 1999）、少しブレーキがかかっている。なぜブレーキがかかったかというと、褒められたい、認められたいので、友だちを押しのけてでも自分が前に出ていって、「私を見て、僕を見て」という主張の強い子どもが目立つようになったからである。自分勝手でわがままで、自己中心的で、とにかく前へ出て、主張ばかりする、そういう子どもが増えてしまった。つまり、褒められるということに依存してしまう子どもが増えてしまったのである。

これで本当の意味の自尊感情が育ったと言えるだろうか、という疑問が湧いてきたのだと考えられる。本当の意味で自尊感情が豊かに育まれれば、自分を大切に思うのと同じように友だちのことも思いやり、お互いのことを考える、落ちつきのある、そして勉強にも励むような子どもになるはずなのに、一向にそういうことにならない。とにかく主張ばかりが強くて、友だちを押しのけてでも自己中心的にわがままに主張する子どもが増えてしまった。そういうことがあって、アメリカでは反省がなされブレーキもかかった。ところが、日本ではブレーキをかける人がいない。ブレーキがほとんどかからないまま、もう三〇年近く褒めて育てるという方法が続けられている。

東京ドームのように

私自身、中学生と高校生のカウンセラーとして四〇年近く勤めてきたが、カウンセリング室に来る子どもたちは、一言で言えば自信を失っている。自尊感情が下がった状態でやって来る。そういう子を褒めてあげれば元気になるかというと、そんな単純なことではない。もしそうであれば、カウンセラーは褒め上手であれば済む。そんな単純なことではない。

東京の文京区に、東京ドームという野球場がある（東京ドームシティ）。東京ドームは公式ホームページによれば、一九八八年の三月一七日が竣工日で、二〇一九年の三月で三一年が経過している。東京ドームの屋根は、「布（ガラス繊維膜材）」が貼られた構造になっている。布の屋根は、風圧をかけることで形状を保っている。これを、エアー・サポーテッド・ドームと言うそうで、加圧送風ファンによって、気圧を外気より〇・三％高めているという。この気圧をできる限り保つために、出入り口は回転ドアになっている。気圧を高めるために、三六台の送風機が地下についていて常に風を送っている。ただ、イベント開催時はその半数くらいを稼働させるが、夜間などの閉場時には二台動かせば対応できるという。とにかく、常に風を送っている。東日本大震災のときに東京中が停電になったけれども、そのときも自家発電機で送風機を一刻も止めなかった。というより、止められなかったというべきかもしれない。止めたら屋根が落ちてきてしまうので、風を三一年間送り続けている。昼も夜も三六五日二四時間、風圧をかけ続けている。

東京ドームほど大掛かりではないけれども、似たもので熱気球がある。これは、ガスバーナーで熱い空気を送り込むことで、大きく膨らんで大空高く舞い上がる。これに例えていうと、子どもたちの心が、頑張って褒められて認められて、それがガスバーナーの熱風のようなものとなり、心が大きく膨らんで舞い上がる。これがジェームズの定義に従った子どもたちの自尊感情ということなのである。

東京ドームは三一年間一度も凹まず大きく膨らみ続けている。しかし、人間はそうはいかないのではないかと思う。褒められることもあるし、失敗することもある。勝つこともあるけれど、負けることもある。叱られることもあるし、疲れてしまうこともあるし、勉強が嫌になってしまうこともあるだろう。病気になることも、けがをすることもある。熱気球のように膨らんだ自尊感情は、非常に不安定なものなのだと考えられる。

ところが、子どもは褒められるとうれしいから、それに依存してしまう可能性がある。しかし、褒められるというのは、ある意味相対的なものにすぎない。人より優れている、友だちよりは私のほうが価値があるとか、役に立つとか、いい成績がとれたといった相対的な価値である。しかも、これは永続的なわけではなくて一過性の感情である。勝つこともあるけれど、負けることもあるかもしれないからである。この膨らませた状態を保つためには、休むことなく絶えず頑張っていなければならない。東京ドームのように頑張り続けなければならない、けれどもそうはいかないというのが人間であり子どもである。

「すごい自分」と「ありのままの自分」

東京ドームや熱気球のように、褒められて認められて大きく膨らむ「すごい自分」という気持ちも、確かに自尊感情だと考えられる。「すごい自分」は、褒められた、勝った、できることがある、価値があるから自分は大切なのだ、というようにして気持ちが支えられる。ただこの感情は、社会的な状況に依存している自尊感情という意味で、再定義する必要がある。約一三〇年前にジェームズによって定義された自尊感情を、ここで改めて「社会的自尊感情(Social Self-esteem)」と定義し直す必要があると考えている。

この熱気球のような「すごい自分」というのは、膨らんでいるときはいい。頑張って褒められて成功して、すごいと言われて、頑張れているときはいい。しかし誰でも失敗することもある。つぶれる可能性もある。つぶれたらどうなるのか。自分を大切に思う気持ちがつぶれるということは、自分は大切な存在ではないということになってしまう。これは大変な危機である。

生きていけなくなるかもしれない。幼いころから勉強一筋でやって来て、すごいと言われて進学校に入った。ところが、そこで最初のテストを受けてみたらいい点数が取れなかった。そのとき「もう僕なんか生きていてもしようがない」ということにもなりかねない。「すごい自分」だけに頼っているということは、駄目だったときには生きていけなくなるかもしれないほど、非常に危険なことなのである。

誰でも、うまくいかずに凹むことがある。しかし、凹んだからといって、自分はもう大切な存在じゃないとか、簡単に死んでしまおうということにはならないで、私たちは生きてきたように思う。それはなぜなのか、「すごい自分」が凹んだときに心を支える心の働きが、別にもうひとつ存在すると考えるのが自然な発想である。

誰でも、思った通りにことが進まないようなときに、凹むことがある。私自身、そんなときに「自分はなぜ生まれてきたのだろう」とか「生きることにはどんな意味があるのだろう」などと、一度は考えた。でも結局、自分は生きてきた。それはなぜなのか。

「諦め」といっても良いような気持ちである。自分は自分でしかないのだから、ありのままの自分でいるしかない、そういうある種の「諦め」ということだと思う。数年前、世界中にありのままに生きることの大切さを歌う、一人の少女の歌声が広がっていた。五〇年ほど前にはビートルズが歌っていた。あるがままにいなさい、そうすれば大丈夫とマリア様がおっしゃったというレット・イット・ビーという曲である。この、ありのままの自分を認める、これを「基本的自尊感情（Basic Self-esteem）」として新たに定義したいと私は思っている。つまり、すごい自分も大切だけれども、すごい自分ではないこともある。だめなときもある。そのときに自分を支えてくれるのが「基本的自尊感情」なのである。

無条件に受けとめられた体験

この「ありのままの自分」はどのようにして作られ、育まれるのかを考えてみたい。その一番の始まりは、この世界に生まれ出てきたときにある。生まれてきて良かったと、子どもたちが思えたかどうかが大切なのではないだろうか。生まれてきた瞬間、この世界に出てきた瞬間に、「ああ、生まれてきて良かった」と子どもたちが思えたかどうかが鍵を握っていると、当初は考えていた。

ところが、この考えは、産科や小児科の医師たちにこの話をしたときに否定された。私たちの目の前にいる子どもは、どの子どもも、現在どのようなつらい状況にあっても、今生きている全員が、一〇〇%生まれてきて良かったと思った経験をしているから生きているのだという。生まれてきて良かったと思えなかった子は、すでにこの世にはいないというのである。はっきりそう言われ、私は非常に衝撃を受けた。

今生きている子どもは、生まれてきたそのときに、人に手のひらで受けとめられた子どもだというのである。ある意味で、極めて単純なことである。母親の胎内を出た瞬間に、それを人が手のひらで受けとめてあげたときに、子どもは「ああ、なんて温かいのだろう。何て柔らかいのだろう。ああ、生まれてきて良かった」と、身体中で感じ取るのだというのである。言葉ではなく、身体で感じ取る。人の手のひらの温かさと柔らかさを感じ取るのである。

机とか床の上に産み落とされた子どもが生きていくのは、本当に難しいことで、ひょっとしたら生きていけないかもしれない。しかし、手のひらで受けとめられた子どもは、絶対に生まれてきて良かったということを体中で感じ取っている。だから、今生きている子どもは、皆生まれてきて良かったと思っているのだというのである。そのときの体験を宝物のようにして、心の底に大切にしまって、子どもたちは今生きているのだという。

ただ、もちろん子どもたちはそんなこと覚えていないというであろう。思い出すことなどできない。今つらい状況にある子どもは、「どうせ僕なんか生まれてこないほうが良かった」、「どうせ私なんて」と言うに違いない。しかし、それは子どもたちが思い出せないだけなのだ。

宮崎駿監督のアニメ映画「千と千尋の神隠し」（監督・脚本：宮崎駿／製作：スタジオジブリ）で、登場人物の銭婆が「一度あったことは忘れないものさ、覚えていないだけで」と主人公の千尋に言う場面がある。千尋が自分を助けてくれたハクについて「ハクに会ったことがあるような気がするの、私。でも、思い出せないの」と言う。そのときに、銭婆がこのセリフを口にする。

ところが、その直後にハクの背中に乗って、千尋が登場人物の湯婆婆の家に飛んでいく、そのときに千尋が大切なことを思い出す。三歳のときに、川で溺れて死にかけたことを思い出すと、同時にハクも自分がその川の神であることを思い出す。同じ方向を向いて一緒に飛んでいる、そのときに同時に同じ体験と、そのときの同じ感情を思い出す、共有体験である。かつて千尋が死の間際に立ったという、いわばいのちの体験を思い出す。

だから、この映画は自尊感情の映画でもあるし、いのちの教育の大切な映画だと思う。二人がいのちを失いかけた体験が鍵となっている。二人とも、名前を奪われている。名前を取られるということは、人間としての尊厳に関わる重要なことであり、根本的なところで足をすくわれるような体験である。

人は、出会ったときに見つめ合い向き合って、そこで互いに名乗り合う。自分の名前を持つということは、人と出会うための大切な要素である。名前がなければ、出会うこともない。満員電車に乗り合わせた乗客同士は、名乗ることもなければ出会うこともない。ただ、その場にいるだけである。

名前を確認しあったもの同士が、時間を共有し、体験を共有しながら、ともに人生を歩んでいくことができる。継続して関係を持つためには、名前は欠くべからざるものである。街の雑踏で、同じ方向へ歩いていく人々とは、感情が共有されることはない。ただ物理的に、同じ方を向いて歩いているだけである。そのことで孤独が癒やされることはないであろう。むしろ、多くの人々に紛れて、孤独感が増すだけかもしれない。

和紙を積み重ねる体験

無条件の愛と言っても良い体験、無条件に手のひらで受けとめられた出産のときの体験、これは全ての子どもが持っている。男の子であっても、女の子であっても、障害があっても、病気があっても、無条件に手のひらで受けとめられた。その体験を、一枚の紙に例えてみたい。私たちの目の前にいる子どもは、誰もが全て必ずこの一枚の紙を、心の一番奥底に持っている。ただ、たった一枚の紙である。心の一番奥に、大切な宝物として持っている紙だけれども、たった一枚なので、風が吹けば飛んでしまうし、簡単に破れてちぎれてしまうかもしれない。だから、この紙を補強しなければならない。

その補強の作業が、共有体験なのだと考えている。一緒に、隣にいる誰かといろんな体験をして、楽しいな、悲しいな、うれしいな、悔しいな、つらいな、面白いなといったいろいろな思いを共有すると、心がどんどん育まれていく。二人の間にできた心が、一枚一枚の紙となって積み重なっていく。しかも、これには感情のノリがしみ込んでいる。感情のノリのしみ込んだ和紙が積み重なっていく。すると、時間の経過とともに、下の方から和紙と和紙がノリで貼り付いて、しっかりと補強されていく。和紙と和紙がしっかりと貼り付いて、硬く重みのある「ありのままの自分」の塊ができていく。

それは、熱気球のような「すごい自分」とは、根本的に異なった性質のものである。「すごい自分」は風船のようなもので、膨らんだり、凹んだり、簡単に変化する非常に不安定なものである。しかし、この「ありのままの自分」というのは、一度でき上がったらもう二度と崩れないような固い自尊感情の塊である。

だから、私たち大人は、子どもと向き合うのではなくて子どもと並ぶ、子どもに寄り添うという関係で一緒に泣いたり笑ったりすることが大切なのである。この共有体験こそが、「ありのままの自分」つまり基本的自尊感情を育む。「すごい自分」の社会的自尊感情については、社会全体で頑張れ頑張れと大合唱している。とにかく少しでも上へ登ること、頑張ることが大切だと声を揃えて子どもたちを煽り立てている。そうした中で、子どもの身近にいる私たちがやらなければいけないことは、「すごい自分」のほうではなくて、「ありのままの自分」つまり基本的自尊感情を育むということなのである。

「子どもに寄り添う」というと、あまりに抽象的で感傷的なお題目のように聞こえるかもしれない。しかしそうではない。極めて具体的な体験として私たちの身近にある。私は、このことをひとつの調査結果から知ることができた。

いのちの教育をテーマにしていた私の研究室で、一人の学生が卒業研究で、身近な死別の体験が不足していることが、子どもたちの死の認識に影響を与えているのではないかと考えて調査をすることになった。死別経験のあるものの方が、死というものを考えた経験や頻度、死について深く考える意識などがより高いのではないか、という仮説である。

結果的には、飼っていた犬や猫などの身近な生き物や、祖父母などとの死別経験のある子どもと、死別経験のない子どもでは、なんらの差もなかった。ところが、死別経験のある子どものうち、その経験をそのとき、身近な誰かと話をした子どもとそうでない子どもでは、死への態度が違ったのである。

つまり、死別というつらい体験をするかしないかが子どもの意識に影響を与えるのではなく、そのときにその経験を話し合うなどして誰かと共有できたかできなかったかが、大きな意味を持つということであった。

この小さな調査の結果が、その後私に共有体験の大切さ、とりわけ感情の共有の大切さを気づかせてくれるきっかけとなったのである。

身近な共有体験

子どもが幼いころには、家庭で絵本の読み聞かせやアニメを一緒に見ることが、すぐに実行できる貴重な共有体験になる。何回見ても、何十回見てもいいと思う。家族で一緒に、きょうだいや親子で一緒に見る。これはもう最高の共有体験だと思う。スポーツの試合をテレビで見ることも、子どもの心だけでなく親の心にも和紙が何枚も乗ることになる。一緒にご飯を食べるだけでもいい。どこかに出かけて行って、大自然での野外体験などをしなくても、共有体験の機会は家の中にごろごろ転がっている。

幼稚園や保育園での共有体験も、本当にたくさんある。子ども同士の共有体験もあるし、先生が絵本の読み聞かせをしてくれることも共有体験である。多くの家庭で不足しがちな部分を、保育園や幼稚園での共有体験で貯金をして、子どもたちはどんどん和紙を積み重ねている。

しかし残念ながら、それが学校では途端に少なくなってしまう、というのが今の学校教育の現状である。授業で先生の話を聞いて、理解して覚えて、記憶して、問題が解けるようになるということが大事で、隣の子どもと共有体験をするという授業は限られている。もちろん、中学校や高校では部活動とか、小学校でもいろいろな特別活動の時間がある。運動会や体育祭とか、合唱祭とか、学芸会などの機会に、共有体験をたくさんしているに違いない。部活動は、教師の負担の大きさや勝敗にこだわりすぎているなど、確かに多くの問題を孕んでいると考えられるが、共有体験という一点でいえば、子どもたちのそこでの体験は、非常に貴重だと思われる。確実に和紙を積み重ねる体験になっている、と考えられるからである。

基本的自尊感情「ありのままの自分」を育むこと、つまり和紙を積み重ねるということが、毎日の授業でできれば、本当に素晴らしいことだと思う。しかし現実の授業では、感情を出してはいけない。すごいとか、驚いたとか、感心したとか、楽しいとか、面白いとか、つまらないとか、そんなことは尊重されない。考えること、理解すること、覚えることが大切で、その結果決められた時間内に試験問題に答えられる能力だけが尊重されている。それはとてもさびしく悲しく、残念なことだと言わざるを得ない。

社会的自尊感情と基本的自尊感情

結論的に言えば、「すごい自分（社会的自尊感情）」と「ありのままの自分（基本的自尊感情）」のバランスが大切である。私は、これら二つの自尊感情を弁別して測定する心理尺度を開発した（近藤、二〇一〇）。この尺度で、これまでに数千を超える小・中学生、高校生の自尊感情を測定してきた。その結果は、四つのタイプに整理することができる（図1）。その際に大事なのは、「ありのままの自分」と「すごい自分」のバランスがとれている状態となることである（以下、S＝社会的自尊感情大、s＝社会的自尊感情小、B＝基本的自尊感情大、b＝基本的自尊感情小とする）。

第一のタイプ、これをSB（ラージS、ラージB）と表現している。つまり、このタイプは「大きく安定した自尊感情：基本的自尊感情が厚く、

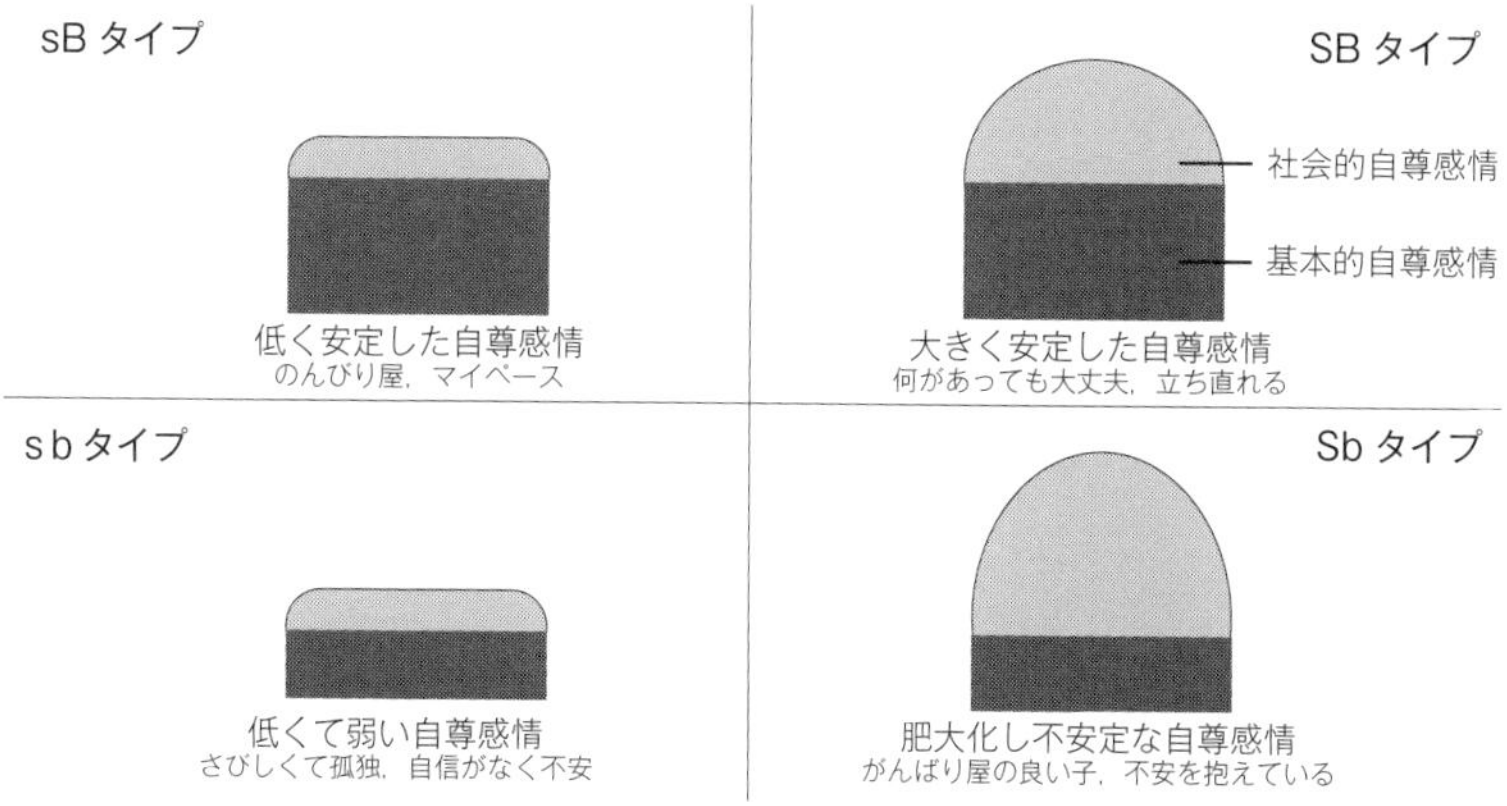

図１　自尊感情の四つのタイプ

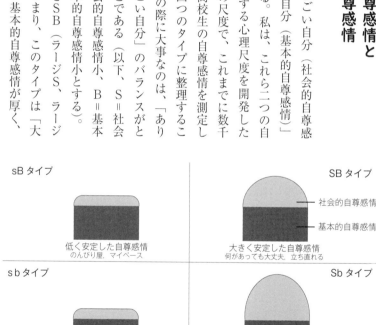

社会的自尊感情も大きいタイプ」であって、素直な良い子といってよい。褒められたくて頑張るけれども、負けることもある。しかし、凹んでも「ありのままの自分」がしっかりと育まれているので、立ち直れる。このタイプは、大人の評価が分かれることがある。学校で、いい子だねと言う先生がいる一方で、感じ悪いと思う先生もいる。それは、嫌いな先生の授業は適当に手を抜くとか、宿題をやっていかないということがあるからで、そうすると叱られる。「すごい自分」が凹む。でも、「ありのままの自分」がしっかりとしているので、大丈夫という安定感がある。こういう子は、素直にそのまま伸ばしていくと良い。

学校の先生方が、一番心配していらっしゃるのは第二のタイプｓｂ（スモールｓ、スモールｂ）である。基本的自尊感情も社会的自尊感情も低い、誰が見ても自信なさそうで影の薄い子どもである。おそらく同級生から見ても、あの子と遊びたくないとか、おもしろくない、暗い、つまらないと感じられている。こういう子に対しては、褒める、認める、成功体験を積ませることが、即効性のある対応方法である。ただ、これは即効性はあるけれども、依存性もあるので、それだけを続けていると、アメリカでやられたことと同じことになってしまう可能性がある。もっと褒めてほしい、ずっと褒めていてほしい、僕のこと私のことだけ見ていてほしい、というように先生を一人占めしようとしてしまう可能性がある。一時的には、褒めてあげる、認めてあげる、成功体験を積ませてあげる、声をかけてあげることは必要である。しかし、必ず並行して共有体験による和紙を積み重ねることをやっていかないと、こういう子どもを本当の意味で元気にすることはできない。

一番心配なのは、次のSb（ラージS、スモールb）タイプである。基本的自尊感情が薄く社会的自尊感情が肥大化した、不安定な自尊感情のタイプである。全体としては、高い自尊感情の様相を呈している。ところが、これが本当に心配なのである。常に完璧な良い子で、東京ドームのような状態であるといっても良い。東京ドームは三〇年以上ずっと膨らんだ状態だが、このタイプも同じように、生まれてから一貫してこの状態なのである。立派に見えるが、不安定である。凹んだら、生きていけなくなるかもしれないということを自分でも知っているので、両親の言うことも、どの先生の言うことも聞く。友だちとも元気に遊ぶし、もちろん勉強はしっかりし、スポーツもボランティア活動もしっかりとやる。とにかく一〇〇％、起きている間中ずっと良い子をしている。

本当に危ないのはこういう子どもである。ところが、大人たちはこういう子どもを心配していない。むしろ好ましいと思っている。多くの先生方も大人たちも、元気で明るくて、完璧で影ひなたがない、常に頑張れるこの子を、もっと大きく育てようと思って、もっと頑張れと言う。そうして、過剰に下から空気を送り込んだら何が起こるかというと、圧力が高まり過ぎて、その圧力で熱気球が破裂してしまうかもしれないのである。

今、日本中の多くの学校でデータを取っているが、どの学校にも必ずこういう子が数パーセントは存在する。いわゆる進学校と言われるような、頑張り屋が集まるような学校には、こういう子どもが一〇％くらいいることもある。そういう学校では、sbタイプ（低くて弱い自尊感情のタイプ）の子も一〇％ほどいることもある。これはおそらく入学前は、Sbタイプ（肥大化して不安定な自尊感情のタイプ）だったのではないかと考えられる。ところが、その学校に進学してみたら、自分より成績が上の子が幾らでもいる。それで、社会的自尊感情が凹んでしまって、こういうsbタイプになってしまった。とにかく、本当に危険な子が、どこの学校にもいるということを、認識する必要がある。

最後に、もうひとつsBタイプがある。基本的自尊感情が厚く和紙が積み重なっていて、社会的自尊感情が低い安定したタイプである。このタイプは、放っておいても絶対大丈夫で、何も心配がいらない。頑張ったこともないかもしれないが、とにかく安定している。私としては、子どもはこうあってほしいと思う。私自身も、三〇代の半ばまでこの状態で、のんびり屋のマイペースであった。心の何処かで、人生には次があるのではないかと思っていた節がある。だから、次に頑張ればいいと思って、頑張ったことが一度もなかった。小学校も、中学校も、高校も、ずっと頑張ったことがなくて、大学も頑張らず、そのまま成り行きに任せて卒業して、東京の繁華街のデパートで掃除夫をやっていた。大学を卒業してから就職もせず、今ふうに言えばフリーターだった。今から五〇年くらい前のことである。ところが、三〇代の半ばになって、ようやく「あれ、ひょっとして次はないのかな」と思い、初めて頑張った。これは決して褒められた生き方だとは思わないが、子どもはまず安定した心を育むことが大切なのだということは間違いのないことだと思う。

自尊感情に関して、子どもと大人の関係で言えば、子どもに向き合う、児童生徒と向き合うというのは子どもの「すごい自分」に働きかけていることになる。親は、あるいは先生は、すごいねと向き合って言ったり、だめでしょうと叱って凹ませたり、「すごい自分」（社会的自尊感情）は自由自在にコントロールできる。

大事なのは、心の基盤を支える「ありのままの自分」（基本的自尊感情）である。これは子どもに寄り添うこと、並ぶことでしか育むことができない。共有体験をして、二人の間に心が生まれる（詳しくは四四頁でふれる）。それが和紙として積み重なっていく。ああ、暖かいな、楽しいな、幸せだな、悲しいな、つらいな、いろんな思いを共有して、心の中に和紙を積み重ねていくということなのである。向き合う関係と寄り添う関係（並ぶ関係）は、根本的に違う意味を持っている、ということをしっかりと認識することが大切なのである。

「自尊感情」「自己肯定感」「自己有用感」の概念の違い

小中学校の先生方やＰＴＡの会合など、さまざまな場面でお話しする機会がある。講演会で自尊感情についてお話しすると、さまざまな質問が出る。ひとつは、「幼いころが大切だと思うのですが、もう高校生の子どもでは遅すぎるでしょうか」といった自尊感情を育むための年齢に関するものである。そして、「褒めることが大切だと思ってきましたが、それだけではないということがわかりました。ただ、褒めることも大切だと思うのですが、褒めることがうまくできないのでどうしたら良いでしょうか」というものもある。さらには、「叱ってはいけない、感情的になってはいけない、などと言われますがどうしても怒ってしまいます。大丈夫でしょうか」という心配である。さらには、「自尊感情が低い自分に、子育てはできるのでしょうか」とか「虐待のことが世間で大きな問題になっています。自分も厳しい親に躾けられました。虐待をしてしまうのではないかと、心配をしています」といった本当に深刻なものもある。そして、「日本の子どもたちは自己肯定感が低い、などと言われていますが、どうすれば自己肯定感を高めることができるのでしょうか」といった大局的な視点からの心配もある。

そこで、本書ではそうした質問に第四章にて答えることで、より具体的に「並ぶ」と「寄り添う」の意味を理解していくことにしたい。いずれにしても、どの質問も、子どもの幸せを願って発せられていることは間違いない。より的確に、よりふさわしい関わりをすることで、子どもを傷つけず、より良い成長を促進したいという願いが感じられる。

いずれの質問も疑問も、身近な体験を踏まえた真剣なものだと考えられるが、それらの背景にはひとつの問題が潜んでいるように感じる。それは、概念の混乱である。日常会話で、自分自身の気持ちとして、あることについて「自信がある」、あるいは「自信がない」と言っているうちは、大きな問題はない。

しかし、客観的な立場から、子どもたちの様子を観察して自信がなさそうに見えたとき、それを「自己肯定感が低い」とか「自己効力感が低い」などと表現するとしたら問題である。それぞれが、共通の概念規定で定義を理解した上で、同じ言葉として用いているのならば問題はない。しかし、教育の現場で子どもたちと関わっている教師の多くは、そこで用いる言葉の「語感」から、最もしっくりくるものを採用しているように見受けられる。語感なのか五感なのか判然としない場合もある。同様にして、自己有用感、自己有能感、自尊感情なども、それぞれがいわば好みで「自由自在」に用いている。

このように、自己肯定感だけではなく、自己有用感、自己有能感、自己効力感などの言葉も、教育関係者の間で語られることが多く、それらの違いについてもさまざまに議論されている。よく耳にするのは、自己有用感や自己有能感だと具体的な手立てが立てやすいというご意見である。自尊感情や自己肯定感は、抽象的すぎて具体的な教育方法にたどり着けないという。とにかく、現場の先生方のお話を伺うと、結局のところ概念の違いを理解せず、あいまいなままに言葉を使っている状況だという。

子どもたちと日常生活で関わっている教師としてみれば、自信を持って何事にも取り組むことができるような、前向きに生きる子ども像を理想としているようである。しかし、目の前の子どもたちは、自信が持てず消極的で、発言も控えめなことが多い。そこで、何事によらずできることがあれば認めて褒めることで、自己有能感や自己有用感を高める、結果が見えやすいこうした方向に目が向きがちなのではないだろうか。

そもそも、自己有用感にしても自尊感情にしても、心理学的な構成概念である。つまり、極めて多面的な、極端に言えば無数の側面、要素から構成された概念であって、「うれしい」とか「悲しい」、あるいは「自信がある」「自信がない」のような、明確なある特定の感情や実感を指しているわけではない。

自己肯定感

近年、自己肯定感という言葉が、教育関係者の間でよく交わされているのを耳にする。おそらく、学習指導要領の改訂と、それに伴うさまざまな教育施策の実施に伴ってこうした議論が起こっているのだと思われる。例えば、教育再生実行会議の第十次提言（教育再生実行会議、二〇一七）では、自己肯定感を育むことが喫緊の課題として議論されている。提言の表題そのものが「自己肯定感を高め、自らの手で未来を切り拓く子供を育む教育の実現に向けた、学校、家庭、地域の教育力の向上」となっていて、自己肯定感を高めることが直接的な目的となっている。

このことは、長年子どもの自尊感情について考え、研究を進めてきた立場からは、ある意味で歓迎すべきことなのかもしれない。と同時に、少し落ち着いて考えてみると、現実の状況と理論とが一足飛びに結び付けられているように感じられて、やや足元が危ういように感じられるのである。

それにしても、同提言によれば自己肯定感は二つの側面があり、それらのバランスが大切だと明言しているのは、画期的なことである。そこでは、「これまでもさまざまな捉え方が示されてきましたが」としつつ、ひとつは「勉強やスポーツ等を通じて他者と競い合うなど、自らの力の向上に向けて努力することで得られる達成感や他者からの評価等を通じて育まれる自己肯定感」であるとしている。そしてもうひとつが、「自らのアイデンティティに目を向け、自分の長所のみならず短所を含めた自分らしさや個性を冷静に受け止めることで身につけられる自己肯定感」であるとしている。

これらは、ほぼ私が提唱する社会的自尊感情と基本的自尊感情に相当するもの（近藤、二〇一〇）で、それらのバランスの大切さも私の主張するそのものと言っても良い。ただ、この提言に提示された出典なり参考文献なりの中に、私の論文や著書は含まれていない。ということは裏を返せば、こうした考え方が私だけが主張するものではなく、すでにかなり広範に共通の理解として浸透してきているということの証左かもしれない。

一方で、自己肯定感を育む方法については、具体的に示されているわけではない。「大人が愛情を持って積極的に関与し続ける姿勢を示すこと」や「規則正しい生活習慣を身につけること」が自己肯定感を育むためには重要だということが述べられている。これらについては、相関関係が認められるとしている（国立青少年教育振興機構、二〇一七）。また、「親から理解されている、愛されているという感覚を持っている子供は自己肯定感が高い」という内閣府の調査を紹介している。また一方、「思春期においては、自分を意識し、理想と現実を比べることで現実の自分に不満を感じ、また他者の評価を必要以上に気にする結果、自己肯定感が下がる傾向にある」と、伊藤（二〇一四）を引いて紹介している。

自己有用感

先ほども触れたように、多くの小学校などで、自信を持たせる（自尊感情を高める）ための教育活動として、自己有用感を育成するという取り組みが行われている。そうした際のひとつの拠り所として、「自己有用感が社会性の基礎となる」（生徒指導・進路指導研究センター（編）、二〇一五）という指摘がある。

そこでは、自尊感情を高めることが必要であるが、「日本では、児童生徒の『規範意識（きまり等を進んで守ろうとする意識）』の重要性も指摘されています。それらを併せて考えるなら、『自尊感情』よりも『自己有用感』の育成を目指す方が適当と言えるでしょう」と結論づけている。

さらにその理由として、「なぜなら、人の役に立った、人から感謝された、人から認められた、という『自己有用感』は、自分と他者（集団や社会）との関係を自他共に肯定的に受け入れられることで生まれる、自己に対する肯定的な評価だからです」と述べている。「肯定的な評価」だから「自尊感情よりも自己有用感が適当」という主張であるが、この論理展開が私としてはまったく理解ができない。そこでは、「なぜなら」と根拠や理由を述べているように見えて、その実ただ単に「自己有用感が肯定的な評価だから」だと言っているに過ぎない。「肯定的な評価だから」というのであれば、自尊感情も同様に肯定的な評価だからである。

そして、自己有用感は自尊感情に含まれる概念であるとして、「『自己有用感』の獲得が『自尊感情』の獲得につながるであろうことは、容易に想像できます。しかしながら、『自尊感情』が高いことは、必ずしも『自己有用感』の高さを意味しません。あえて、『自己有用感』という語にこだわるのは、そのためです」と結論づけている。

自己有用感が自尊感情に含まれるという指摘は、後で述べるように自己有用感が自尊感情の一部である社会的自尊感情に相当すると考えれば、あながち的外れとも言えないが、それらは単なる「語」ではなく、あくまでも別の概念（構成概念）であり、区別して考えるべきである。

自己有用感については、栃木県総合教育センターが尺度を開発して公開している（栃木県総合教育センター、二〇一三）。それによれば、自己有用感は「存在感」「承認」「貢献」という三つの要素で構成され、全体で三〇項目の質問からなっている。またそれらの要素は、それぞれ家族、クラス、先生との関係という三つの場面で自己評価し、五段階評価（五件法）をすることで得点化される。

一方、自尊感情については、私が開発したSOBA-SETを例に挙げれば、社会的自尊感情と基本的自尊感情という二つの領域から構成され、全体で一八項目の質問からなっている（近藤、二〇一〇）。

これら二つの尺度で測定される概念の関係性を議論するためには、一定数の同一の対象にこれらの質問項目に答えてもらい、各尺度の因子分析等で因子を確認したうえで、各因子間の相関を検討することを手始めに、統計的な分析をおこなう必要がある。上記の議論が、果たしてこうした分析をもとに行われているのか、はなはだ疑問である。構成概念としてではなく、ただ単に言葉としての語感から、いわば五感を通した身体感覚で話をしているように思われる。明確な定義に基づいた、客観的、論理的な議論とは程遠いものだと言わざるを得ない。

いずれにしても、さまざまな議論の多くは社会的自尊感情だけを問題にしていたり、さらには自己有用感や自己有能感、自己効力感に注目することで褒めることや認めることなど、偏った対応になっていたりする場合がある。自尊感情を問題にするのであれば、社会的自尊感情（すごい自分）だけでなく基本的自尊感情（ありのままの自分）にも、十分に目を向けて分析し対応する必要がある。

例えば、児童の歯磨き指導をしている歯科医や歯科衛生士は、褒めることだけではその指導が行き届かないとして、基本的自尊感情の重要性を述べている（芳賀ら、二〇一八）。しっかりとした親子関係の中で、一緒に歯磨きをするなどの共有体験を重ねて、安定した心を支える基本的自尊感情が育つことで、褒めることだけに頼らない子育てができると述べている。こうしたことを通して、しっかりとした親子関係が構築され、それがひいては歯磨き指導が行き届くことに繋がっていくというのである。

看護師の早期離職者に対する問題意識から、その養成課程での学生の自尊感情に注目した研究もある（高儀ら、二〇一五）。一般に「現代の看護学生は、ＳＮＳの普及や社会・家庭生活の変化によって他者と円滑なコミュニケーションを築く能力が未熟であることやさまざまな価値観をもった人間と交わる機会が乏しいという、人間関係の希薄化したなかで大人へと成長している傾向にある」と、まず問題意識を提示している。

その上で、「早期離職者は他者の言動に強い否定的影響を受けて退職にむかう」と分析している。そこで、自尊感情のうちでも基本的自尊感情の弱さが、こうした早期離職者の背景の問題としてあるのではないかとの問題意識を持って、看護学生三八八名を対象として調査を実施したとのことである。結果的には、基本的自尊感情の低い学生は、一年生から四年生までのどの学年でも七～一二％存在し、こうした学生への対応が急務であると結論づけている。

コラム

並ぶ

「並ぶ」という言葉からは、電線上に並んで止まっている雀や、五目並べの碁石がまず目に浮かぶ。横に一列に並ぶことも並ぶだし、縦に並んで行進する大名行列もある。

阿波踊りでも並んで踊っているし、近年各地で盛んなよさこい踊りなども、並んで盛んな勢いである。おわら風の盆でも並んで踊っているが、こちらは静かに優雅な風情である。よさこい踊りは、なぜ昔の不良少年のような出で立ちでなければならないのだろう。疑問である。もっと爽やかな様子で踊ることでは、駄目なのだろうか。それでは迫力が足りないのであろうか。

「並ぶ」が動詞だから当然かもしれないが、何かが動いている様子がありありと目に浮かぶ。蟻の行列を、どこまでも追いかけていく子どももがいたりするが、私も時折蟻の行列を延々と追跡することがある。彼らは何を求めているのか、どこに行こうとするのか、その先に何があるのか、次々と疑問が湧いてくる。無数の蟻が行進しているわけだが、よくよく見ると中には逆行して歩いているものもいたりする。さらには、道を外れて一人で行くものもいる。蟻の中にも、私と同じようなひねくれ者がいるのだなあ、とホッとする。蟻の行列ひとつでも、人に安心を与える大切な役割があるものである。

蟻の行列に限らず、人も良く並ぶ。特に日本人は整然と並ぶことで有名のようである。とはいえ、私の英国で暮らした経験から言えば、イギリス人も実に整然と並ぶ。イギリス人は列のことをqueue（キュー）と言うが、順番待ちで汲々としているふうでもない。整然と並んでいる。スーパーのレジなどでは、長いキューができているにも関わらず、レジの担当者と買い物客が他愛のない会話で盛り上がっていたりする。それを、長いキューの人々は整然と待ち、自分の番が来るとまたそれはそれで笑顔の会話を始めるのである。ちなみに、アメリカでは列のことをline（ライン）と言うらしいが、単刀直入で素っ気ない気がするのは私だけだろうか。

並び

「並び」というと名詞である。歯並びが良いか悪いかは、見た目の問題だけではなく、健康に大いに関わる重大事である。かかりつけの歯科医の話では、見た目の問題として歯の矯正をしていると思いきや、実は噛み合わせが食の充実に欠かせないのだと言う。歯並びやら噛み合わせやらの話をしているうちに、舌の話に及んだことがある。口を閉じているときには、上の歯と下の歯は噛み合わさっていないのが正しいのだそうで、さらにその際の舌の位置が重要だと言う。そんなことは、七〇歳を過ぎるまで、一度も聞いたことも習ったこともなかったので驚いた。歯は噛み合わさず、舌の先端が上顎の前歯のすぐ手前の出っ張りに軽く触れている位置が、正しい定位置なのだそうである。それを学んでからは、いつも舌の位置が気になって仕方がない。舌だからといって下にあるべきものではないらしい。

自動車のエンジンには、シリンダーが並んでいる。シリンダーの中にはピストンがすっぽり入っていて、燃料の爆発によって上下に激しく動いて、それが車を動かす力になっている。一般的な並び方は縦一列で、しかも六つのシリンダーが並ぶのが理想とされている。直列六気筒エンジンという。エンジンの振動が最小化され、回転がなめらかになる。シリンダーは日本語では気筒という。

ひとつのシリンダーの容量が大体五〇〇ccくらいで、六気筒で三〇〇〇ccというのが現在私の使っている車のエンジンである。同じ六気筒でも、三気筒ずつに分けて、二組をV字型に組み合わせたものもある。それをV型六気筒、V6という。六つが縦にずらっと並んでいないので、コンパクトにまとまったエンジンになる。人気の男性グループと同じ名称である。六人が円陣を組んだりすれば、まさにV6エンジンである。

直列六気筒エンジンを二組組み合わせた、V型一二気筒というモンスターのようなエンジンもあるし、気筒を円形に並べた星型エンジンという零戦のようなエンジンもある。シリンダーを水平に置いて、向かい合わせにしたものを水平対向エンジンという。ピストンが左右から打ち合っているように見えるので、ボクサーエンジンと呼ばれたりする。今では、ドイツの有名なスポーツカーと、日本のあるメーカーの車が採用している。特別な振動と音のする、素晴らしいエンジンである。何と言っても、車の部品で一番重量のあるエンジンが水平に置かれているので、重心が低くなって車が安定する。スポーツカーには最適である。シリンダーの中のピストンは、上下運動をしているばかりではない。回転しているピストンもあって、これをロータリーエンジンという。やはり日本のメーカーが作っている。

形も大きさも数もさまざまだけれども、とにかく気筒は並んでいるものである。同じ並ぶのでも、神前で並んでおこなうのは祈祷である。

並べる

「並べる」というと、枕を並べるという情景が目に浮かぶ。枕を並べるのは家族かもしれないし、修学旅行の生徒たちかもしれない。枕は並べるだけではなく、しばしば飛び道具にもなる。なぜ枕を投げたくなるのかわからないが、一種の興奮状態になると人は物を投げたくなるらしい。夫婦喧嘩で妻は皿を投げ、夫は逃げる。大相撲でも、平幕力士が横綱を破ったりすると、多くの人が座布団を投げる。場内放送は、それをやめるようにアナウンスしているが、その静止の声がますます興奮を助長しているかのように、さらに人は座布団を投げ上げるのである。

防衛大学校の卒業式で、学生が一斉に帽子を投げ上げているのを、テレビのニュースで見たことがある。これなども、一種の興奮状態がなせる技なのかもしれない。帽子のツバには、顔面を守るという危険防止の役割だけでなく、投げ上げる際に掴みやすい形状という隠れた機能もあるらしい。

雁首を並べるというと、生首でなくても少しゾッとする光景を思い浮かべるが、日本の少なからぬ学校では朝の校門で先生と生徒が並んで立って、登校して来る生徒や教員に挨拶を強要している光景が見られる。強要とは聞き捨てならないと目くじらをたてる向きもあるかもしれないが、私自身の五〇年ほど前の体験としては、それはまさに強要されていたというのが実感であった。

私は取り立てて愛想の良い人間ではないと思うが、日常生活ではごく自然に挨拶をすることができているつもりである。しかし、強要されると妙に反発したくなる。ある年の冬の日、年若く未熟な教員である私が、いつもの通り形式的には正しい挨拶をして校門を通り抜けようとすると、理事長先生が手招きをしておられる。なんでしょうかと、近づいて再度挨拶をする私の襟元に手が伸びてきて、私のコートの襟を倒したのである。私は、自分なりのファッションとして襟を立てていたので、私は無言で再度襟を立て直して、軽く会釈をしてその場を去った。

掴んで投げるために帽子のツバはあり、立ててカッコつけるためにコートの襟はある。未熟な若者は、往々にしてバカものであり愚かなものである。上に立つものはそのことを、理解するべきである。

第二章　子どもに寄り添うということ

向き合うことはきっかけづくり、寄り添うことは深める関わり

子どもと向き合うことが大切だとか、しっかりと向き合いましょう、といった掛け声が教育関係者の間でよく聞かれる。向き合って「よくできたね」「頑張ったね」「すごいね」と声をかければ、子どもは顔を輝かせてうれしそうにするであろう。こうして、子どもを元気付け、やる気を出させるためにも、褒めて育てることが大切だといわれる。一方で、もちろん褒めるだけでは駄目で、駄目なときや間違ったことをしたときには、やはり向き合って「しっかりしなさい」「駄目でしょ」などと叱る。いずれにしても、こうした向き合う関係では、「すごい自分（社会的自尊感情）」に働きかけることになる。

この場合、子どもは大人の関わり方で一喜一憂することになる。大人の思うままに、子どもをコントロールすることができるといっても良い。そして、これで全てがうまくいっているという誤解が大人に生じてしまう。ここで、教育に関する思い違い、誤解が生じる可能性がある。子どもを意のままに操れる、つまり子どもを教育できている、子どもを自分の思った通りに育てているという思い込みである。

確かに「すごい自分」は、育めているかもしれない。しかし、「ありのままの自分（基本的自尊感情）」はどうであろうか。ありのままに自分を認め受け入れる気持ちは、向き合う関係からは生まれてこない。そうではなくて、誰か信頼できる身近な人物と、共にあり、共に感じ、

共に時間を過ごしたときに、二人の間に湧き上がる思いこそが大切なのである。それを、私は共有体験と言ってきた。では、その共有体験は具体的にはどのような形で実現されるのだろうか。また、共有体験は生まれながらに身についている能力なのであろうか。

向き合う関係と並ぶ関係

大学の心理学の授業で、「あなたの心はどこにありますか」と質問することがある。手を当てるとしたらどこかと尋ねると、まず胸に手を当てる場合が多い。胸に手を当てて考えるとか、胸が苦しかったり、どきどきしたり、はらはらしたり、切なかったりということから心は胸にあるというわけである。もちろん、胸に心をつかさどる臓器はない。科学的、医学的に考えると、当然脳の働きであることは明らかである。しかし、胸も脳もこれはいずれも正解だと思う。芸術とか文学とかいったものは胸で感じるものだと思う。心が脳つまり頭にあるというのは、医学的なモデルでの発想である。ただ、心理学的に考えたときに、心は胸でも頭でもないのではないかという発想が大切になる。

児童と向き合う、生徒と向き合うということは、関係をつくる段階では非常に重要だと思われる。ところが、心理学の教科書などにもしばしば書かれているように、向き合う関係というのは、関係をつくるときには適しているが、向き合い続けていると、あら探しが始まったり、ストレスに感じたり、場合によっては敵対心が出てきたりするということがわかっている。

実際に、日常生活でもそういう経験があると思う。向き合い続けていたら、目のやり場に困って、疲れてしまう。それに対して、並ぶ関係というのは、要するに子どもに寄り添うということである。子どもと向き合って関係をつくり、子どもに寄り添って、子どもの成長に合わせて、我々大人も人間として成長していく。例えば教師は、真理の追究という大きな目標に向かって学び始めた児童生徒に寄り添って、一緒に同じように真理の追究、探究という大きな目標に向かって歩んでいく。これが要するに児童と先生、生徒と先生など、関係をつくった二人が並んで同じ方向を向いていく、ということなのではないかと思うのである。

見つめ合う二人というと、我々の最初の見つめ合う経験というのは、赤ちゃんがお母さんと見つめ合うことが頭に浮かぶ。これは、恋をしている状態と言っても良いかもしれない。人間も哺乳類であるけれども、哺乳類の赤ちゃんというのはすべからくかわいい。オオカミであろうが、ハイエナであろうが、もちろんトラやヒョウや犬や猫、どれも赤ちゃんはかわいい。なぜかわいいのかというと、哺乳類というのは未熟な状態で生まれるので、かわいくないと面倒を見てもらえないからだという話を聞いたことがある。人間の赤ちゃんもかわいい。それは、母親が一所懸命面倒を見て、周りの大人たちも世話をしてくれるように、かわいく産まれるということがひとつの理由だそうである。

そこで、なぜお母さんは赤ちゃんをかわいいと思うのかということであるが、顔のかわいさの要因のひとつは左右対称性にある。左右対称性があるものはとてもかわいく見えるのである。私たち大人の顔は、もうすでに左右対称性を失っている。

例えば運転免許証の写真について、とてもよく写っていると自信を持っている人に会ったことがない。多くの場合、他人に見せることを嫌がる。なぜ嫌なのかというと、はっきりとした理由がある。

それが、左右対称性に関係しているのである。つまり、我々が知っている自分の顔、馴染みのある顔というのは、鏡に映った自分の顔だということである。それに対して、写真に写った自分の顔というのは、たまに見るだけである。写真の顔と鏡で見ている顔は、異なっている。それらは、左右が反転しているのである。

だから、もし我々の顔が左右対称の赤ちゃんのような顔であれば、写真を見たときも、違和感はないであろう。その証拠に、何人かで集合写真を撮ると、このことが如実にわかる。周りの皆さんはいつもどおり写っている。ところが、自分だけ変だと感じる。しかし、隣の人から言わせると、あなたもいつもの通り写っていると言われる。周りの皆は、いつも見ているとおりに写真にも写っているから、いつものとおりである。ところが、自分だけ左右がひっくり返っているので変だと、それぞれの人が思うのである。

この広い世界でたったひとつ自分の目で直接見ることができないものは、自分の顔である。自分の顔を、自分の目で直接で見た人は、人類史上一人もいない。もし、これから医学が進歩して、眼球を気軽に外すことでもできるようになれば、外した自分の目玉を手に持って、自分の顔を見ることができるようになるかもしれない。それは、夢物語のように思える。現実には、自分の顔を見るには鏡に映すか、写真に写すか、いずれにしても間接的な方法しかないのである。

このことを、カウンセリングの話に少し広げて考えてみることもできる。人の心というものも直接知ることはできない。カウンセラーは、ある意味で心の鏡になると言われることもある。カウンセラーが心の鏡になって、クライエントの心を映し返してあげることで、クライエントが自分の心の様子を知る手助けをするというわけである。そのために、受容、傾聴、共感、繰り返しなどのさまざまな手法を用いて、クライエントがどんなことに悩んでいるのかということを映し返す。ところが、心の鏡になったカウンセラーがクライエントの心を映し返したとしても、やはりそれは鏡に映った心なのである。左右が反転しているのかもしれない。だから、本当のことを知るということは、本当に難しいことなのだと思う。

赤ちゃんの顔の、かわいさの特徴は左右対称がまず大切な条件となる。そして、赤ちゃんは目の位置が顔のずっと下のほうにあるということ、そして肌がなめらかで皺やざらつきがない。このように、かわいさや魅力において、外見つまり見た目はとても大切である。しかし、決して見た目が一〇〇％ではない。

小・中学生対象の講演会で、同じ人物の二枚の顔写真を提示して質問をすることがある。どちらが好ましいか聞くと、はっきりと偏りが出る。「こっちは嫌だ」と、はっきりと言う。実は、子どもたちが嫌う方の一枚の写真は一カ所修正を施してある。その顔写真は、黒目の瞳孔の部分を大きく開いた状態に修正してある。瞳孔は暗い場所で開いて、明るいところでは閉じる。なぜ開くのかといえば、はっきりと見るために開くのであって、その写真は瞳孔を開いていることで、「あなたに関心があります」「あなたの顔をもっとはっきりと見たいんです」というメッセージを送っている。すると子どもたちは、強い視線を感じて、厳しいとか、きついとか、怖いという感じを受けるようである。そして、もう一方の瞳孔が閉じた写真の方が穏やかで、落ちついた温かい感じがして好ましいというのである。

「向き合う」から「並ぶ」へ

"The Monkey Business Illusion" という白シャツの人と黒シャツの人が三人ずつ出てきて、それぞれのチームでバスケットボールのパスをする動画がある（Daniel, 2010）。黒シャツチームも仲間同士でパスをしているが、それに気を取られないようにして、白シャツチームのパスの回数を数えるという課題を出し、白シャツチームの動きに集中して、しっかりと回数を数えるように指示すると、八割から九割の人が正確に回数を答える。ところが、その動画の中には、仕掛けがしてある。途中で、ゴリラの着ぐるみを着た人が画面の正面に出てくる。しかし、それに気づく人は、多くて四割で、多くの場合二割程度の人しか気づかない。

つまり、パスの回数を数えるようにしなければと、集中して一所懸命数えていることで、ゴリラを見逃すことがあるのである。

これはいろいろと重要なことを示唆していると思う。例えば子どもとしっかりと向き合うことが大切だと言われ、子どもと向き合う関係をつくるが、向き合っていると、周りのことが見えなくなってしまうこともそれに当たる。

例えば、教師が子どもと一所懸命向き合っていることで、万全のつもりであっても、実は子どもの後ろに、あるいは周りに、ゴリラがいるかもしれない。それは、子どもの父親かも、母親かもしれない、あるいは子どもの友だちや、他の先生方かもしれない。向き合うというのは確かに大事なのであるが、向き合ってばかりいると、そういう大切な周囲のことが見えなくなってしまうという、関わり方の怖さというものがある。

実は先の動画では、ゴリラに気が付いた、パスの回数もしっかり数えられたという人でも、その他の変化には気づけないことが多い。先の動画は他にも背景のカーテンの色が変わり、最初、赤だった背景が黄色に変化している。ある意味、世界が一変したといってもいいような変化であるが、それさえ気が付かないのである。さらには黒シャツの人が一人いなくなっている。このように子どもと向き合って、二人だけの世界でいると、こういう大変な状況を見逃してしまうかもしれないのである。

現実の世界では、担任の先生などは、子どもと向き合って一生懸命やっているつもりだけれども、周りにはたくさんの子どもたちもいるし、親もいるし、他の先生もいるし、いろいろなことがあって動いている。子どもと向き合うことは、関係をつくるという段階では大切なのだけれども、ずっと二人きりで向き合っていたのでは見えないものも出てくるかもしれないのではないか。それを避けるには子どもに、身近な大人として寄り添うという姿勢が、必要なのではないかと思う。そうして、子どもと同じ世界を見て、共に歩いていくことが大切なのである。

幼い子どもの心は、未分化で複雑な心の働きは見られない。良いか、悪いかといった単純な気分で成り立っている。空腹で嫌だとか、おしめが濡れて気持ち悪い、それらが満たされて心地良い、これだけの単純な心でしかなかった。ところが、例えばよちよち歩けるようになった子どもが、母親と一緒に散歩をしていたら、たまたま道端に何かが揺れているのを見つける。何だろうと思ってしゃがみ込んで見てみたら、道端にタンポポの花が咲いている。子どもは、「何だろうこれは」と思う。そのときに母親が、子どもの手を強引に引いて行ってしまったらそれで終わりなのかもしれない。しかし、そのとき子どもと一緒にのぞき込んで、「ああ、タンポポの花が咲いたんだわ。お母さんはタンポポの花が咲くとうれしい気持ちになってきて、何かいいことが起こりそうな気がするの。春っていいわ。幸せだわ」と、笑顔で子どもの顔をのぞき込みながら、タンポポの花を一緒に愛でる。

そういうときに子どもは、「ああ、これが幸せということなんだな。にこにこして幸せそうなお母さんと一緒にこうやってタンポポの花を見る。これって何て幸せなんだろう、何て楽しいのだろう」というようにして、いろいろな心を学んでいったのではないかと思うのである。場合によっては、つらい体験や悲しい体験をしながら、子どもと親が気持ちを通わせる。例えば、家で飼っていた金魚が死んでしまった。そのお墓をつくるときに、母親と一緒に手を合わせて金魚を庭に埋めながら、「悲しいな、つらいな、さびしいな」などの、いろいろな感情が二人の間に湧いてくる。

つまり、向き合って、幸せとはこういうことなのよ、悲しいというのはこういうことなのよ、というふうに教えられたのではなくて、一緒にいろんな体験をする中で、いろいろな心が育まれていったのである。言い換えれば、二人の間に心ができるのである。これを、心理学の言葉では「間主観性」という。主観と主観の間ということである。二人の間、つまり子どもの主観とお母さんの主観、子どもの主観と先生方の主観の間に、同じ思いができてそれを共有する。「ああ、楽しいな、幸せだな」という心を、二人で共有して、忘れないように胸に収めておく、あるいは、頭に覚えておくのである。胸や頭というのは、ハードディスクとかフラッシュメモリーのような、記憶装置なのである。

決して胸や頭にひとりでに心が浮かぶわけではなくて、誰かが横にいて、初めて心というのが二人の間にできる。間主観的にできる。それを二人がそれぞれ分け合う、シェアする。そして、収めておくというのが、心理学を専攻する者として私が一番納得のいく考え方である。誰かが横にいない限りは、心というのは決して生まれないし、育むこともできないし、豊かにもできないのである。

したがって、我々人間にとって、そもそも大事なのは並ぶ関係なのである。だから、幼いころから子どもたちが一緒に遊んだり、あるいは家族と一緒に笑ったり、泣いたり、あるいは中学生や高校生であれば部活動で一緒に汗を流したり、涙を流したり、笑ったり、叫んだり、いろんな体験をして、どんどん心が豊かに育まれていくのであろう。言い換えると、これは愛を育むということにもなるのであろう。

その愛ということで言うと、『星の王子さま』の作者であるサン=テグジュペリも『人間の大地』(二〇一五)の中で、「愛することは見つめ合うことではない」(二七二頁)と言っている。一緒に同じ方向を見ること、これが愛だという。心を育むためには、一緒にそういう体験をすることが重要だということになる。一緒に泣いたり、笑ったりする共有体験。これが心をつくり、心をより豊かにしていくのだということである。心は二人の間にできるのだということ、誰かがそばにいない限り心というのは生まれないのだという発想を、しっかりと確認をしておくことが必要である。

一緒にいる時間

子育てや仕事に追われて自分の時間がない、自分の時間が持てないなどと不満を口にする人たちがいる。自分の時間とはなんだろう。自分一人でいるとき、一人で何かに取り組んでいるとき、それが自分の時間なのだろうか。誰かといるとき、子どもや家族や友人や仲間がそばにいるときは、自分の時間ではないとしたら、自分の時間とはなんと希薄な時間だろうか。

ミヒャエル・エンデの作品に、時間泥棒が暗躍するサスペンス・ファンタジーの名作『モモ』という小説がある(ミヒャエル・エンデ、一九七六)。時間貯蓄銀行の営業マンを装った時間泥棒が、人々の無駄にしている時間を貯蓄するように、町の人たちを勧誘する。

子どもと遊ぶ時間、好きな人に花束を届ける時間、友だちや家族と語り合う時間がいかに無駄で、それらを貯蓄すれば、どれほどの時間が貯まっていくかを試算する。時間というものがどれほど大切で、時間を無駄にせず有効に使えば大いに金儲けもできるし、楽しい生活が送れると説得する。

人々は、時間を無駄にしてきたことを反省し、無駄を省いた生活を始めて、そうしてできた時間を貯蓄し始める。そして、人々は忙しく立ち回るようになり、街中が殺伐とした空気に満たされていくことになる。

そこでエンデは、こう語るのである。

「けれど、時間とはすなわち生活なのです。そして生活とは、人間の心の中にあるものなのです。人間が時間を節約すればするほど、生活はやせほそって、なくなってしまうのです。」（九五頁）

時間を節約すれば、生活そのものがなくなってしまい、空虚なものになってしまうということであろう。しかも、空虚になったからといって、にわかにはそれを感じにくいものである。時間、つまり生活というものは、それ自体は目に見えないものだからである。

そして、この物語の重要人物の一人マイスター・ホラは言う。

「光を見るためには目があり、音を聞くためには耳があるのとおなじに、人間には時間を感じるために心というものがある。そして、もしその心が時間を感じとらないようなときには、その時間はないものとおなじだ。」（二一一頁）

時間は、目に見えない。つまり、生活は目に見えない。時間が生活そのものだからである。目に見えているのは、ただそこにある机や椅子や生活のための道具にすぎない。

その椅子に誰かが座り、時間を共に過ごしたときに、初めて生活が実体として現実のものとなるのである。だから、例えば子どもが「居場所がない」というとき、それは自宅に自分の部屋がないという意味ではない。不可侵の自分専用の子ども部屋があっても、それが居場所になるわけではない。

それは、自分の所有物の置き場所であり、休息の場所であり、安眠の場所であって、物理的な空間であるにすぎない。確かに、学校に居場所がない子どもにとっては、自宅の子ども部屋が逃げ場になり、最後の砦になるだろう。しかし、そこは居場所でないのである。自分が居るだけで、他に誰も居ないからである。

「居る」というのは、ただ単に存在しているという意味ではない。そこに「居る」ことで、誰かと時間が過ごせること、つまり生活できることである。徒然草に、「第一に食いもの、第二に着るもの、第三にいるところなり」（『広辞苑 第五版』岩波書店）とあるが、それは単なる場所のことを言っているのではないであろう。

共同注視

並ぶ関係にある二人について、見方を変えて考えてみると、二人は一緒に同じ方向を見ているということになる。心理学では、これを共同注視（Joint Attention）という。アテンションは注意する、注目するという意味で、ジョイントつまり一緒に何かを見るという行為である。

後述するがこの点がサルと人間の違いだ、という指摘もある。これは、犬もできないことを私は経験的に知っている。産まれたばかりのときからずっと一緒に暮らしてきた犬でも、散歩の途中に夕焼け空を指さしても、怪訝な顔つきで私の指先を見つめるばかりである。一緒に、夕焼けの空を見ようとはしてくれない。ところが、人間の赤ちゃんは、生後六か月余りでこれができるようになる、ということがわかっている。教えたわけではないのに、横にいる誰かが指をさすと同じ方向を見る。当たり前のように思われていることかもしれないけれども、これは人間にしかできないことなのである。実際、電車で乗り合わせた見知らぬ赤ちゃんでも、しばらくやり取りをして関係ができた後、ふと前方を指さすとしっかりと後追いをすることを、私は東京の山手線の車内での自分自身の実体験で確認した。

最近、ＡＩとかロボットの開発の進展が著しいと言われている。かなりの人間の仕事を奪うのではないか、などと言われることもある。しかし、それはそれほど簡単なことではないように私は考えている。実際、ロボットと簡単なやりとりをしてみたことがある。町の銀行の窓口にいたペッパーくんというロボットに、話しかけてみたのである。もちろん、向き合う関係で会話をすることはできる。簡単なやりとりの後で、突然私が「ほら、あれは何？」と指をさすと、ロボットはついてこられないのである。ところが、人間の赤ちゃんは生後六か月で、指をさすと一緒に見るのである。

ゴリラの研究で著名な山極寿一氏が、新聞のコラムで次のように述べていた。「人間がサルと違うのは、仲間と一緒に見ることで自分が感知した世界を共有しようとすること」（山極、二〇〇三)。つまり、人間は同じ世界を共に並んで見ることで、自分は一人ではないことに気づき、隣に同じ方向を見る仲間がいることで、勇気付けられ進んでいけるのではないのだろうか。

共同注視は、幼児期にすでに見られることが、発達心理学の研究でわかっている。スカイフとブルナー（Scaife & Bruner, 1975）の研究によれば、それは少なくとも生後六か月後から明確になってくるという。

彼らは、生後二か月から一四か月の乳児三四名と母親を対象として、共同注視の実験をおこなった。まず、六畳間ほどの小部屋に、乳児と母親を順に招き入れて、見知らぬ二〇代の若い実験者がそこにいることを気にしなくなり落ち着くまで、母子をしばらく遊ばせた。その後、実験者が乳児と遊んで、不安げな様子を示さないようになってから、母親は静かに退出した。

実験者と乳児は五〇センチメートルほどの距離で見つめ合い、その後二人の横方向一・五メートルほどの距離にある電球が点灯したとき、実験者は顔を九〇度ひねってそれを見る。そのとき、乳児が同じように電球の方を見つめるように顔を向けたかどうか、その反応率が表1に示された数値である。

これを見るとわかるように、五―七か月では三八・五％であるが、八―一〇か月になると六六・五％となり、一歳を迎えるころには全員が後追いをして視線を向けることがわかったのである。この現象を、共同注視（共同注意）というのである。

この研究から、二つのことがわかる。ひとつは、人は幼いころから身近な他者と、体験を共有しようとすること。もうひとつは、それは生得的なものではなく、発達的にある段階まで待たなければならないことである。

犬と長年一緒に暮らしていると、彼らとは心が通じ合い、何もかもわかり合えているように思ってしまう。ところが、散歩の途上、美しい夕暮れの空に浮かぶ雲を指さして、その美しさを共有しようとして愕然とする。いくら声をかけて指さしても、彼は同じ方向を見ようとはしてくれない。私の指を見つめて、ただ首をかしげるのである。

人の人たる所以は、やはりここにあるのではないだろうか。共に美しい景色を見て、自分だけではない、自分の感じ方は間違っていない、自分はこのままでい い、そうした「ありのままの自分」を確認し受け入れるために、思いを共有しようとする。「人間とは、体験と感情を共有しようとする存在である」という定義ができるのではないだろうか。

誰かが指さす方向や見つめる方向を気にして、同じ

表1　追随した子どもの率（Scaife & Bruner, 1975より筆者訳）

月齢	子どもの人数	追随した子どもの率（%）
2−4か月	10	30.0
5−7か月	13	38.5
8−10か月	6	66.5
11−14か月	5	100.0

ように目を向けることは自然な行為である。これは、身近な親しい人との関係だけではなく、街の雑踏の中でも起こる。誰かが空を見上げて立ち止まれば、思わず立ち止まって同じように空を見上げたりする。こうした行動を、ごく当たり前のこととして、私たちは身につけている。しかし、このことは人間にとって、とりわけ社会的な存在としての人間にとって、極めて重要な能力なのではないだろうか。

誰かと、同じ方向を見て、同じ時間を共有して、同じように美しさや心地よさを感じる。雨上がりの空に大きく展開した虹を見つけて、思わず立ち止まる。夕焼け空を見上げながら、歩みを緩める。気づくと、すぐそばに見知らぬ誰かが、同じように空を見上げている。気付いた二人は、ごく自然な空気の中、互いに微笑みを交わす。こうした情景は、それほど特異なものではないように思うのである。

テーブルを前に座る

二人の人がテーブルを前にしたときに、どのような位置に座るかを明らかにした研究が、一九五九年にはすでに行われていたという。イギリス人を対象にした研究を一九七〇年に発表したクック（Cook, 1970）の論文で、そのあたりの事情が、次のように詳細に述べられている。

ソマーは一九五九年に、二人の女性がある課題を議論するという状況では直角に座るが、二人が男性であったり、男性と女性であったりすると、向かい側に座る結果になったと発表しているという。ウィリアムスは一九六三年に、外向型の人の場合には、ソマーがいうような違いは見られなかったと発表している。また、同じ年にレイポルドは、ある状況下では外向型の人は内向型の人に比べて、より近くに座る傾向があることを発見した。一方で、ポーターらは一九六七年に、外向性と対人距離には関係が見出せなかったと発表している。

ソマーは、その後研究を発展させ一九六五年に、座る位置の違いは、二人の出会った目的によって違いがあることを発見した。もし二人が親しく話をしようと思えば、テーブルの角を利用して直角に座り、相手と競争しようとすれば向き合って座るという。そして、もし協力的な作業をしようとすれば並んで座るし、関係を持ちたくないと思えば斜め向かいの遠い位置に座るというのである。

アーガイルとディーン、そしてソマーは一九六七年に、これらの発見をアイコンタクト（視線の交差）の理論と動機によって説明した。二人の人が、関係を持ちたくないと思えば、相互交渉が難しい斜め向かいの遠い位置に座るのは、明らかであった。また、互いに視線を捉えやすいのは向き合う関係であり、そのことで会話が始まりやすいのである。そして、相互交渉を持ちたくない場合には、向かい合わせの位置には座らない。

以上のような内容について、それまでのアメリカでの研究に対して、イギリス人を対象として再検証したともいえる研究が、先に紹介したクックの一九七〇年の「方向性と近接性の実験（Experiments on Orientation and Proxemics）」という論文なのである。

一九世紀のフランスの版画で、「DEGRÉS DES AGES.（人生の階段）」というものがある

（図2）。発達心理学の教材などとして、大学の講義などで示されることがある。図を見るとわかるように、誕生から八〇歳代を経て死に至るまでの、人の一生が二人の男女によって描かれている。教育心理学者の高橋功は、この絵画について、題名通り人生を表現しており、一組の男女の誕生から死までが、階段の昇降とともに一〇年刻みで描かれていると紹介している（高橋、二〇一八）。高橋はこの紹介に続いて、二人の男女の視線に込められた意味について考察している。

「図では、四〇歳まで、男女が顔を向き合わせ、視線を送り合っている。しかし五〇歳以降は一切

図2　DEGRÉS DES AGES.（人生の階段）（François Georgin, 1826）

向き合っていない。七〇歳の妻が夫を見ているようだが、夫は妻を見ていない」という。このことから、当初は夫婦間の互いを思う気持ちが四〇歳で途切れてしまうこと、いわば「熱が冷める」ということかと考えたという。

ところが、共同注視の概念とこの絵画を結びつけて考えたときに、これは歳を重ねた夫婦が共に同じ時間を過ごし、同じ人生の道を同じ方向を見て歩んでいることの証なのだと気づいたという。四〇歳までの、向き合う関係で互いの結びつきを確認し合った時期から、それ以後は二人で同じ時間を過ごし歴史を重ねながら互いの結びつきを深めていく時期へと、関係が発展している様子が描かれているという理解である。

並ばないＡＩ

ロボットとかＡＩとか人工知能は、顔認識ができて向き合う関係はつくれる。向き合う関係には、実にたやすく入ることができる。しかし、並ぶ関係になることは難しい。

子どもと向き合うことが大切だと力説して、学校の先生たちも、児童と向き合う、生徒と向き合うことに注力しているとしたら、これはペッパーくん並みのことをやっているだけなのかもしれない。向き合っているだけではだめなのである。人間にしかできないこと、つまり並んで、子どもの成長に合わせて我々も一緒に成長していくという関わり方、それこそが人間として、大人として私たちにできることなのではないか。これはロボットにも動物にもできない、私たち独自の能力ではないかということである。

最近のＡＩの進歩と普及は著しい。ＡＩや人工知能、ロボットなどの言葉がメディアで見られないことは、一日としてないほどである。最新の車では、運転者の話しかける声に、ごく自然に応えて、さまざまな操作を進めてくれる。電話をかけたり、道順を案内したりすることはもちろん、退屈しのぎの話し相手にもなってくれるという。ロボットがサービスを展開するホテルも現れ、家庭内でのロボット掃除機は、ごく普通の家庭での光景になりつつある。

このまま人工知能が進化し普及すると、やがて多くの仕事を失うことになるのではないか、という真面目な議論さえある。一方で、人工知能が大学入試でどこまで点数を取れるかという研究も行われた（新井・松崎、二〇一二）。

人工知能に大学入試問題に取り組ませるのは、次の三つの課題がそこには含まれていることから、大いに意義あることだという。ひとつは「人間にとって自然で、内容・形式ともに多様な入力・出力であること」、二つ目は「中心となる知的処理が多様な内容を含むこと」、そして「研究の進行を測る客観的な評価尺度が存在すること」である。これらの点で、大学入試を素材として、ロボットがそれに取り組む試みが、人工知能がどこまで人間の能力に接近できるか、という課題を明らかにする手段として適切だと考えられるという。

結果的には、国立情報学研究所の新井紀子らによって行われた、人工知能が東京大学入試を突破できるかという「東ロボくん」研究によれば、進学塾のおこなう実力テストで偏差値五七までの実力を示し、東京大学の合格圏には届かなかったということである。しかし、大学入試のように多様で多面的な知識と能力を必要とするものとは違って、将棋や囲碁などのゲームの世界では、メディアによる報道を見る限り、人工知能がすでに人間を凌駕しているかのように見える。ディープラーニングがさらに進んでいくと、人工知能がやがて人間の仕事を奪うのではないか、そんな危機感も生まれてくるのは不思議ではないようにも思える。

ただ、ここで危惧あるいは期待されているのは、情報を読み取り、考え、結論を出すという知的な能力、いわゆる認知能力のことである。非認知能力においては、人工知能はどれほどの力を発揮するのだろうか。

新学習指導要領でいうところの「主体的・対話的で深い学び」は、まさに非認知能力の高さが問われる学びである。人工知能に「主体」がそもそもあるのか、持ちうるのかという問題がある。東ロボくんは、「主体的」に大学入試を突破したいという思いで取り組んだのだろうか。否である。研究者である新井らの主体的な研究への取り組みの手段として、東ロボくんは「受動的」に入試問題に取り組んだ。

では、「対話的」であったか。対話というのは、ある課題について、二人の話者が送り手と受け手の役割を交互に入れ替えながら、対人コミュニケーション（インターパーソナル・コミュニケーション）を継続していくことである。言葉のキャッチボールなどという言い方もある。ただもちろん、あるひとつのボールを投げ合っているだけではない。

受け取ったボール、つまり相手の意見を、自分自身が受け止め、考え、そしてその段階での結論を出して、それを少しだけ違った形のボールとして、相手に投げ返す。つまり、個人内のコミュニケーション（イントラパーソナル・コミュニケーション）も行われている。だから、対話を重ねていくに従って、あるひとつの道筋を辿りながら、会話が進み進展していくのであろう。そして、その対話が発展的で生産的なもの、さらに言えば「深い学び」である場合には、ひとつの方向を二人の対話者が共に向いて、ゴールを目指していくような、共に知的な旅を続ける伴走者のようになっていくであろう。時には、一人が指し示す方向を、もう一人も共に見て、二人の進む方向性を確認することも必要であろう。つまり、並ぶ関係になっているのである。

人工知能が非認知能力を発揮するためには、人工知能がそうした「対話的」な関係を他者と構築できるか、という大きな問題がある。向き合って、言葉をやりとりし、会話することはできる。スマートフォンの検索機能でさえ、人の声を聞き取って、言葉を交わすことはできる。しかし、ある共通の思いを持って、共に考え深い学びを進めていくことは、そうたやすくはないことに思える。

「絆」という文字

絆という文字には、「きずな」と「ほだし」の二つの読みがある。「きずな」は、辞書にもあるように「断つにしのびない恩愛」であり「離れがたい情実」である（新村出編『広辞苑　第五版』岩波書店）。強い「きずな」で結ばれた友や家族、仲間の有り難さや素晴らしさが思い浮かぶ。一方「ほだし」は、「馬・犬・鷹など、動物をつなぎとめる綱」であり、自由を束縛するものである（新村出編『広辞苑 第五版』岩波書店）。

辞書には、古今和歌集の言葉として「思う人こそほだしなりけれ」が例として示されている。言ってみれば、「好意を寄せる大切な人であるが、同時にそれは自分を束縛するものだ」といった意味であろう。つまり、絆には相矛盾する意味が、同梱されているのである。それは、「ヤマアラシのジレンマ」に似ているかもしれない。好きだから近づきたい、ところが近づくと針で互いを傷つけてしまう。近づきたいけれども、素直には近づけないヤマアラシのような人間関係を表現した言葉である。

絆も、それに似ているところがある。しっかりと結びつき互いの大切さを確認したい、けれどもそれは相手を束縛することになって、互いの自由を失うことになってしまう。

デートDVなどに陥る若者の不器用さは、こうしたことのひとつの現れなのかもしれない。地域社会の崩壊が言われて久しい。地域の人々との共同作業やつながりが煩わしく、隣の人からいつも自分たちの生活を監視されているような息苦しさを感じる。自由になりたいと、大都会での孤立した生活を選ぶ人が、一層多くなっている。都会への人口流入は、もちろんそれだけが理由ではない。仕事がある、収入が多い、教育環境が整っている、交通手段が充実している、生活の利便性が高い、文化的な環境も充実しているなど、さまざまな利点があるからこそ、大都市への人口集中が止まらないのであろう。

しかしそのことで、同時に人と人のつながりが、一層薄れていっている。人口流出で過疎化が進む地域では、祭りなど伝統行事は、継続が難しくなる。一方、新たな住民だけで構成された都市部では、そもそも伝統というものがない。新たに、積極的につながりを作って、「伝統」を構築していかなくてはならない。つながりができれば、そこには同時に束縛が生まれる。

チャンバラの共有体験

「研修にチャンバラ」という見出しの写真付きの記事が、ある日の新聞紙上でひときわ目を引いた（朝日新聞、二〇一九）。企業の研修で、チーム対抗で各人が腕につけたボールを、チャンバラで叩き落とし合う戦いをする。そのことで、コミュニケーションを深める。この研修を実施する株式会社ＩＫＵＳＡの担当者の話として、「遊びの共有体験」がビジネスに役立つというのである。

ここで使われているチャンバラは、スポーツとしてのチャンバラではなく、あくまでも遊びとしてのチームビルディングのためのものだという（ＩＫＵＳＡ、二〇一九）。ＰＤＣＡサイクルを意識して構成されていて、Ｐを軍議、Ｄを合戦、Ｃを反省、Ａを次の軍議と進めることで、チームビルディングが効果的に進行し、その経験がビジネスに役立つというのである。そして、一番の売りは楽しさだという。「懐かしくて新しい！」という売り文句にあるように、幼いころに多くの人たちが体験したかもしれない遊びを、老若男女誰でもが一緒に参加できるという形に仕上げた、新しさを持っているのかもしれない。

共有体験は、ここでも単なる身体的な体験を指しているのではないことがわかる。参加者が、共に同じ目標に向かって身体をぶつけ合いながら、楽しさを共有しているのである。この感情の共有こそが、共有体験の肝なのである。笑い、叫び、怒鳴り、怒り、泣き、悔しがる。そうした感情を共有する体験を通して、自分は一人ではない、自分だけではない、自分はこのままでいいのだという実感が湧いてくる。

そして共有体験の意味は、これだけにとどまらない。楽しい時間を過ごすことで、例えばそれまでの準備時間の退屈さや困難さに、新たな意味が付与される。言い換えれば、「今これから」が「これまで」を意味付ける。「これまで」が「これから」を意味づけるのではないのである。

モノを介した関わり

印刷技術が発明されて本が誰の手にも取れるようになって、今や一冊も本のない家はないのではないだろうか。本が、多くの知識を私たちにもたらし、時に娯楽を提供してくれるようになって久しい。乳児、幼児から成人になってからも、いつでもなんらかの本は私たちの近くにある。

無人島に行って生活をしなければならなくなったとき、一冊の本を持つことを許されたとしたら、イギリス人はシェークスピアを携えるという話を聞いたことがある。シェークスピアがそれほどに大きな存在であると同時に、無人島で孤独な生活をする際にも、本が大切な友となるということを示しているように思う。

二〇一八年の暮れに“Social Science Research”という雑誌に、興味深い論文が掲載された(Sikora, et.al、二〇一八)。表題は、「三一カ国での学問的文化の調査——青年期に家に何冊の本があれば、成人してからの読み書きや計算能力、IT能力に影響を与えるか——」という刺激的なものである。内容は、表題からわかるように、本が現代の社会生活で必要なさまざまな能力の取得に、どのような意味を持っているかを調べたものである。

具体的には、一六歳のころに家にあった本（雑誌、新聞、教科書を除く）の数を、三一カ国の二五歳から六五歳の約一六万人を対象に尋ねた。数え方としては、一メートルの幅の本棚には四〇冊の本が入ると仮定して、冊数を数えるように指示した。

全体の平均冊数は、一一五冊であったという。一番多いのは二一八冊のエストニアで、次いでノルウェーやデンマーク、スウェーデンなどが二〇〇冊を超えて続き、日本は平均以下の一〇二冊であったという。

三つの能力の結果を見ると、いずれも一〇〇冊くらいまでは急激にグラフが上昇するが、二〇〇冊を超えるとそれ以後四〇〇冊でも六〇〇冊でもほとんど能力に差が見られない（図3）。私たちに馴染みのある家庭用の書棚の多くは、幅が八〇～九〇センチくらいで五段になっている。こうした書棚に本が揃っていれば、二〇〇冊くらいにはなる計算である。大雑把に言って、こうした家庭用の書棚がひとつあって、そこに本が揃っているくらいが、「学問的

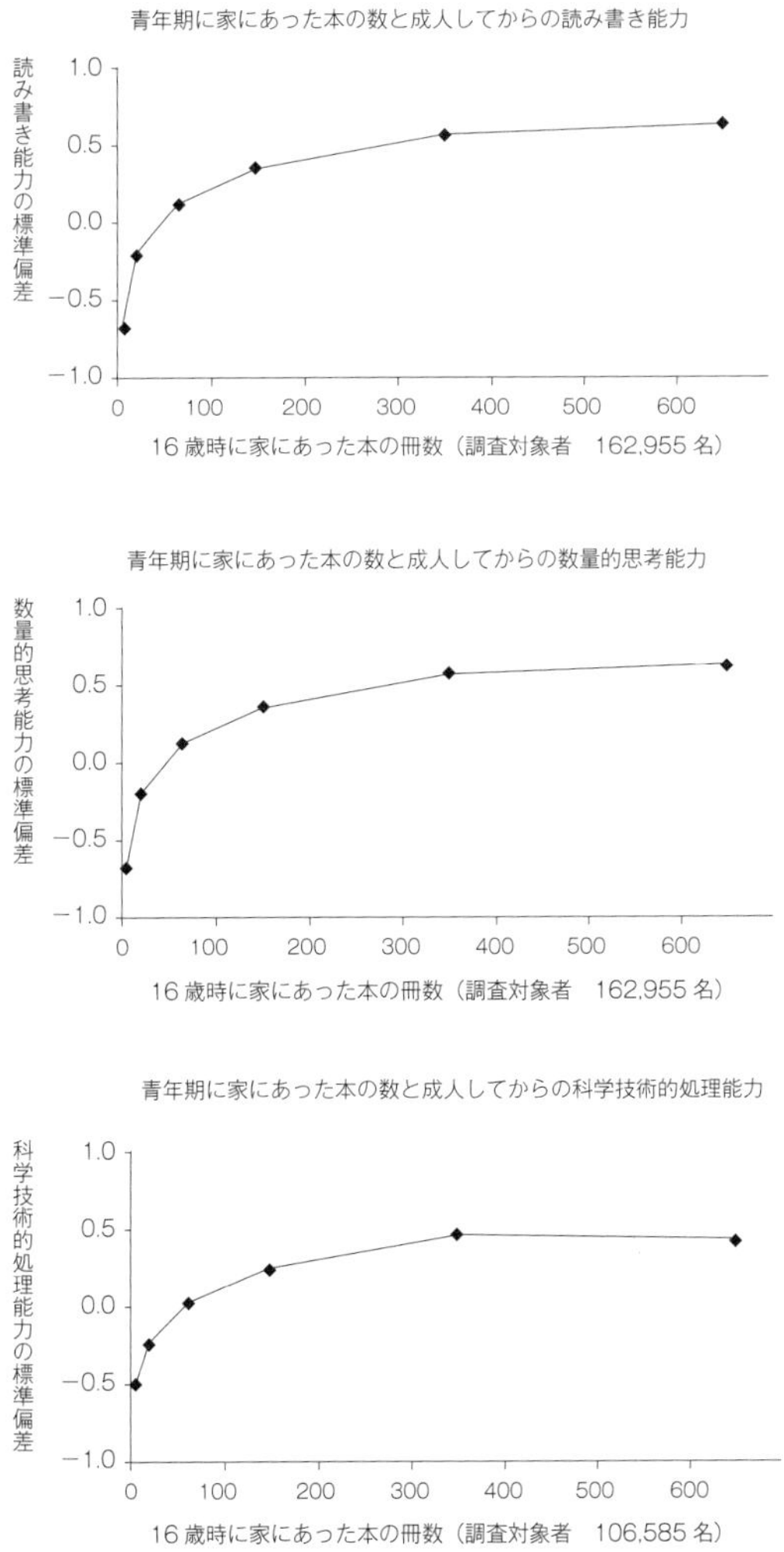

図3　青年期における家庭の蔵書数と成人後の知的能力

(Sikora et al., 2019 より筆者訳)

文化」のひとつの基準になるということであろう。

ここでひとつ想像力を働かせてみたい。家の中で、人の背丈ほどの書棚が置かれるとすれば、食堂や居間のような家族が集まる場所であろう。もちろん、子ども部屋があればそこにも小さな本棚はあるかもしれない。しかし、そこには教科書や雑誌や漫画の類が多くを占めると想定される。

さて、食堂か居間にある人の背丈ほどの書棚は、大いに目につくはずである。何気なく、ぼんやりと書棚に目をやり、本の背表紙を読んでしまう。それは、親も子どもも同じことではないだろうか。場合によっては、親がしげしげと見つめていた背表紙を、子どもが確認するかもしれないし、その逆もあるかもしれない。そして、その本のことを、後で話題にするかもしれない。おそらく、親子で並んで書棚を見つめるという場面は稀であろうが、間接的には同じ「本の並ぶ景色」を共有しているのである。

紙の本の背表紙は、高さも厚さも色も紙質も、ひとつひとつがまったく独自の個性を持っている。それらが雑然と書棚に並んだ様子は、ひとつの独特な「景色」を形成している。その景色が、あたかも広葉樹や針葉樹が混在した豊かな森に迷い込んだときのように、私たちの眼前に広がるのである。文化の森を、親や家族と共有した子どもが、のちに現代社会を生きるための豊かな教養を身につけるに至るのであろう。

書棚の本は、そこに存在し続ける。かつて親子で並んで書棚を見つめた子どもが、何年か後に一人でその書棚を見つめ、一冊の本を手にとるかもしれない。そのとき、その行為は一人でしているとしても、かつて自分の横にいた父親や母親の存在を感じているかもしれない。そこにはいなくてもそこにいる。それを感じさせ、思い出させてくれる小道具として、紙の本の存在は貴重なものなのである。

かつての誰かとの共有体験を、追体験するための小道具あるいは装置として、私たちは紙の本以外にもたくさんのものを持っている。思い出の品や写真アルバムなどを見たときに、それを共にのぞき込んでいる誰かを、自分のすぐ横に想定しているのではないだろうか。それらのモノは、他人にしてみれば単なるモノにすぎないかもしれないが、そこには時間が刻み込まれている、つまり生活の痕跡そのものなのである。ガラクタに見えても、それらを捨てるということは、生活そのものを否定し捨て去るということになるのである。

墓石は、そこに埋葬されている誰かと再会し語り合うための装置である。しかし同時に、墓石に向かって誰かと思いを共有するための役割も重要である。お盆の墓参りでは、家族で出かけていって、親子や夫婦でご先祖様に向かって手を合わせる。墓石は無言のまま、身近な人々が寄り添い並ぶ機会を演出してくれているのである。

■コラム

並べ

「並べ」といえば、先生が児童生徒に言う朝礼の号令である。言われた方は、両手を前に突き出して、前へならえをする。そのときに、ジェンカを思い出すのは私だけだろうか。レッツキッスのジェンカである。ジェンカだと思っていたら、ジェンガという遊びがあった。小さな木片を並べる、というよりは積み重ねていく他愛のない遊びである。

「並べ」には命令の意味だけでなく、七並べのような名詞用法もある。七並べのようなカードゲームは、持ち札の運も大いに関係するが、同じ並べるゲームでもオセロのようなものは、運に頼るわけにはいかない。九歳の少女にせがまれてオセロの相手をしたが、まったく歯が立たない。しっかり自分の黒を並べたつもりなのに、あっという間に全て白にひっくり返されてしまう。全てひっくり返すというので、何枚かは許してほしいと懇願するが切り捨てられる。血も涙もない。あれは無慈悲なゲームである。

映画館、劇場、野球場、サッカー場など人が多数集まる場所では、縦にも横にも並ぶ。並ぶという行為の結果が、線ではなく面になる。二次元の並びである。三次元の、今ふうに言えば３Dの並びといえば、ルービックキューブというゲームがある。綺麗に並んだ各色のブロックを並べ替える遊びである。

野球といえば、小・中学生のころから不思議に思っていることがある。子ども心に不思議に思ったのだが、現在でも十分には理解できていない。それは、プロ野球の選手が決して少ないとは言えない金銭を得ているということである。ただの楽しみでやっているのとは違って、彼らはお金を稼いでいる。しかも、私たちの普通の暮らしではなかなか手にできない額である。それを、なぜ普通の人たちが応援するのか、それが理解できなかったのである。

プロ野球などプロスポーツの応援と、映画や演劇や音楽のライブを楽しむのとでは違う。漠然と、スポーツ選手と芸能人は違うように思う。私は球場でスポーツの応援はしないが、好きな俳優の出る映画は見るし、音楽会にも行く。見て、聞いて楽しむ。

ＡＫＢ48という女性グループがある。魅力的な女性たちの集団である。最初「エーケービーよんじゅうはち」と言って、若い学生諸君に大いに笑われたことがある。「よんじゅうはち」でなければ「しじゅうはち」かと思えば、それも違うと言ってなお笑う。渡部篤郎という俳優を、「わたなべあつろう」といって、やはり失笑を買った。未曾有を「みぞうゆう」と読んで指弾された総理大臣のことを、私は笑えない。

並んだ

「並んだ」といえばチューリップである。赤白黄色が綺麗に並んでいる。最近では、紫や黒や青などのチューリップもあるから大変である。チューリップといえば財津和夫さんのいたバンドで、「サボテンの花」や「青春の影」などのメロディーが頭をかすめる。オフコースの小田和正さんも財津と同じように、ハイトーンの綺麗な声が素晴らしい。私も歌を歌うが、調子を四度も五度も下げて転調しないと、とても彼らの歌は歌えない。低い声に嫌気がさして、歌手になるのを諦めたくらいである。

これでも、三〇代のころには半ば本気で歌手を考えた時期もあった。いわゆるライブハウスに定期的に出演したり、テレビのオーディションに応募したりしたものである。ライブハウスの出演予定などが掲載されていた『ぴあ』という雑誌が、今でも書斎の本棚の何処かにあるはずである。

テレビのオーディションにもいくつか応募したが、一番の過去の栄光は萩本欽一さんの番組「欽ちゃんの週刊欽曜日」である。番組の呼び物のひとつ、欽ちゃんバンドのメンバー募集があった。全国から数万の応募があったそうだが、運よく二〇〇人ほどの書類選考に合格した。さらに赤坂のＴＢＳでオーディションがあり、なんと最終の九人に選ばれた。

最終結果は追って電話でお知らせすると言われ、それ以来四〇年近くＴＢＳからの電話を待ち続けている。ただ、一日も欠かさず電話の前にいたわけではないので、ＴＢＳの担当者が電話をしたけれど「誰もでんわ」と、連絡を諦めたのかもしれない。

並んで

「並んで」あるいは「並んでください」といえば、人気のシュークリームを手に入れようと並ぶ人たちの姿が思い浮かぶ。時に、シュークリームではなくメロンパンだったり、食パンだったり、モナカだったり、タピオカミルクティーだったりする。そんな長い列の場合、若い店員さんが最後尾という札を持って、ここに「並んで」と合図をしている。そうまでして食べたいのか、と思ってしまうが、食べたいのだろう。あるいは、ただ並びたいだけなのではないか、とも思ってしまう。

この国では、人だけではなく建物も並ぶ。バイパス建築という言葉があるそうだが、郊外のバイパス沿いには全国共通の様式で建物が並ぶことになっている。今では全国どこに行っても、ピスタチオ・グリーンの看板にカタカナ三文字の家具屋さんが、必ずと言って良いほどある。他には、どちらも「青」の字が頭に付く青い看板の紳士服店の、大概どちらかがあるし、場合によっては二つ向かい合わせにあったりする。そしてもちろん、なぜか赤い看板の家電の量販店がいくつか、これまた並んでいる。数十年前には、全国どこにでもボーリング場があったものだが、最近ではすっかり影を潜めた。

バイパスに並ばないで我が道をゆくショッピングモールもある。とんでもない郊外や、逆に街のど真ん中のターミナル駅の直近にあったりする。かつて三年間暮らした岡山にも、数年前にそのショッピングモールができた。ターミナル駅である岡山駅から、地下道で繋がっているそのモールには、延々と人の列ができる。緩やかな坂道になっているので、列に紛れて歩きながら見ると、その様子は壮観である。昔見たアメリカのテレビドラマ「タイムトンネル」さながらである。人々が地下道のトンネルの奥へ奥へと進んでいく。その向こうには、別世界が広がっている。

第三章　本や映画を素材に考えていく

愛は技術である——エーリッヒ・フロム『愛するということ』から

若かりしころの友人との会話で、愛あるいは愛するということについて、さまざまに議論したことが思い出される。愛とは何か。さらには、恋と愛の違いとは何か。恋は一方通行であり得るが、愛は双方向を基本とする。恋は愛に含まれる下位概念である。その証拠に、恋は人や地域などに限定されるが、愛の対象は人に限らず物体でもあり得る。結局は結論には至らなかったが、多くの人々がこうした他愛のない議論の経験をしているのではないだろうか。

そもそも愛とは何か、愛するとはどういうことなのか、そのことを真剣に議論した書物が手元にある。精神分析家のエーリッヒ・フロムが一九五六年に著した『愛するということ』である（フロム、一九九一）。この項では、この書籍をテキストにして、愛について考えてみることにしたい。

本書の原題は、“*The Art of Loving*”で、直訳すれば「愛することの技術」ということになる。フロムは、この本の冒頭で次のように述べている。

「愛は技術だろうか。技術だとしたら、知識と努力が必要だ。それとも、愛はひとつの快感であり、それを経験するかどうかは運の問題で、運がよければそこに『落ちる』ようなものだろうか。」（一二頁）

"Is love an art? Then it requires knowledge and effort. Or is love a pleasant sensation, which to experience is a matter of chance, something one "falls into" if one is lucky?"（p.1）

もちろんフロムは、愛は技術だと言っているのであって、実際この本でも大部分は技術としての愛についての理論的な議論であるが、後半の四分の一ほどは「愛の習練 The Practice of Love」に割かれている。

こうしたフロムの立場からすれば、すぐに見えてくるのは、愛は落ちるものではなく、落ちるものは恋の方だということになる。それは運であり、幸か不幸か「落ちる」ものなのである。では、落ちるものではなく技術たる愛とは、どのようなものなのだろうか。そして愛することの技術の意味と、その目的はなんなのだろうか。

その第一の主題は「孤独」ということであり、そこからの「解放」こそが、人間にとって重要な人生の課題であるという。「人間のもっとも強い欲求とは、孤立を克服し、孤独の牢獄から抜け出したいという欲求である」（二五頁）という。人は生まれながらに孤独で、一人で生まれ一人で生き、そして一人で死んでいく。

孤独から抜け出す方法が、いくつかある。第一の方法は、「あらゆる種類の祝祭的興奮状態」（二七頁）であって、そこには性的体験がしばしば含まれる。しかしこうした祝祭的興奮状態による他者との合一体験は、強烈であり、心身全体に影響を与え、長続きしないことに特徴がある。従って、断続的かつ周期的に起こることになるという。

孤独から抜け出す第二の方法は、集団に同調することだという。身近な家族や地域社会から国家単位の集団まで、あらゆる規模と形態の集団の中に紛れ込み、その一員となることで、孤独から解放される。集団に所属することは、マスローも指摘しているように、欲求の五段階の中でも、社会的欲求としては最も下位の、基本的な欲求といっても良いものである（Maslow. 1964）。安全の確保など生理的な欲求が満たされたときに、人としてまず必要になるのが、集団への所属の欲求だというのは納得できる話である。

フロムは現代社会における集団への所属の欲求について、独裁体制と民主体制の違いを的確に言い表している。

「独裁体制は人々を集団に同調させるために威嚇と脅迫を使い、民主的な国家は暗示と宣伝を用いる。」（三〇頁）

集団への同調によって孤独から逃れる方法は、先の祝祭的興奮状態に比べれば、ずっと穏やかで安定的であるという。従ってこの体験は、孤独からの不安を解決するには不十分であって、その結果として「アルコール中毒、麻薬耽溺、脅迫的なセックス、自殺など」（三四頁）の現象が、現代の西洋社会の問題として現れているという。

孤独から抜け出すための第三の方法として、フロムは創造的活動をあげている。芸術活動や農作業あるいは工芸作品を作ることなどによって、人はその対象である物や自然、大地などと一体化することができ、そのことによって自分は一人ではないという感覚を持てるという。ただし創造的活動であっても、工場で歯車の一部となって物を生産するような作業では、一体感は得られないという。あくまでも、自分自身の意志によって積極的かつ生産的に対象と対峙したときに得られるものだという。ただ、それでも根本的な問題は残る。それは、対象はあくまでもモノであり、人ではないということである。

結局、「生産活動で得られる一体感は、人間同士の一体感ではない。祝祭的な融合から得られる一体感は一時的である。集団への同調によって得られる一体感は偽りの一体感にすぎない。完全な答えは、人間同士の一体化、他者との融合、すなわち愛にある」（三六頁）ということになるのである。

この他者との融合の願望は、人間にとって最も根元的で強烈なもので、それが家族や社会を形成する力となっているという。この意味で、「この世に愛がなければ、人類は一日たりとも生き延びることはできない」（三七頁）ということになる。

フロムは、他者との融合を愛と言い、それが人間にとって最も根元的な欲求であるとした。そして、それは技術であるという。だからこそ、学ばなければならないし、教えなければならない。当然のことながら、家庭においては親や年長者が子に、学校では教師が児童生徒に教え伝えていくことになる。しかしそれは、単なる科学的知識を教えたりする方法とは異なった教え方である。

大人が子どもと向き合って、知識を教えるのとは異なった教え方である。愛を教えること、愛することを教えることとは、通常の教え方とは異なっている。並んで、寄り添って、共に考え感じることによって、伝えられていくのである。

愛は友情でもある――サン＝テグジュペリ『人間の大地』から

『星の王子様』で知られるサン＝テグジュペリは、その著書『人間の大地』の中で、「愛するとは互いに見つめ合うことではない。一緒に同じ方向を見つめること」（二七二頁）であると力説している（サン＝テグジュペリ、二〇一五）。彼によれば、二人が並んで同じ方向を見ること、同じ経験をすること、同じ時間を過ごすことによって、愛するということが実現されるのである。ただそれは、男女の愛のことだけを述べているのではない。

彼はよく知られているように、優秀な飛行機の操縦士であった。彼が活躍したそのころの世界は第一次世界大戦が終わった後の、つかの間の平安な時代で、また再び戦争の足音がナチスの台頭によって、少しずつ聞こえ始めたころであった。

この時代の飛行機を思うと、すぐに脳裏に浮かぶのは宮崎駿監督のアニメーション映画「紅の豚」で活躍するあの真っ赤な機体である。主人公のポルコ・ロッソは、ムッソリーニのファシスト党が支配するイタリアの近海で活躍する退役軍人の飛行機乗りであった。

優秀な飛行士である彼に対しては、空軍への復帰を求める声もあるのだが、彼は孤高の飛行士として一人アドリア海を飛び回っていた。彼は空賊を退治し、その賞金稼ぎで身を立てていたのである。秘密警察や空軍は、彼を味方に取り込むことができず、ファシスト政権に非協力的な人物として、常に彼の動向を調べ尾行している。

　愛機の修理のためにミラノに滞在したポルコは、そこで一人の若い女性と運命的な出会いをする。その女性フィオ・ピッコロは、優秀な設計技師であった。そしてフィオとともに愛機に乗り込んだ彼は、秘密警察の追撃を逃れてアドリア海に帰還するのであった。

　二〇世紀前半の飛行機のことを思えば、私の脳裏に浮かぶのは、このようにサン＝テグジュペリやポルコ・ロッソである。当然、飛行機自体は、単発（エンジンがひとつ）で高翼（主翼が胴体の上についている）や複葉（主翼が二枚）のプロペラ機であり、ポルコの乗っていた飛行機のような小型の一人か二人乗りのものである。

　私自身、小・中学生のころは飛行（機）少年で、写真のようなまさに単発の高翼のエンジン機を作って、夢中になって飛ばしていたものである。友人、知人からの聞きかじりや、雑誌の読みかじりの知識で機体を設計し、授業中も夢中になって、小刀で切り出したバ

私が中学生のころ作成した飛行機の写真（中学生の私が撮影）

ルサ板を紙やすりで磨いて、一週間かけて飛行機を作ったものである。ところが、力作の飛行機も設計が悪いのと操縦技術が稚拙なのが相まって、日曜日の校庭で一瞬にしてあえなく墜落炎上してしまうのであった。そして、また一週間、寝る間も惜しんで、まるでフィオのように設計をやり直し、翼断面の形状を工夫し、主翼の取り付け位置と仰角を調整し直し、また新しい機体を作り、日曜日の試験飛行で墜落炎上することを繰り返していたのである。

小・中学生のあのころ、なぜあのように勉強もせずに夢中になって、毎週のように飛行機を作っていたのだろうか。それは、やはり何と言っても同じように飛行機に夢中になっている仲間がいたからだろう。一緒に飛行機を飛ばす同級生が二人いた。飛行少年三人組である。もちろん、中学生のことだから、飛行機だけに夢中になっていたわけではない。彼らとは、音楽を一緒に聴いたり、野山を駆け回ったり、他愛のないいたずらをしたり、いかにも中学生らしい時間を共有したように思う。

同級生の一人は、自宅にレコードと蓄音機があって、彼の家でドボルザークの交響曲第九番をひたすら聞いたことが忘れられない。

飛行機に集中して、そのことだけで時間を共有した、大切な忘れられない人が私にはもう一人いた。それは、我が家のお向かいに住んでおられた、内科のお医者様であった。当時の私からすれば、立派な大人だったが、おそらくまだ三〇代半ばだったと思われる、若い開業医の先生だった。その方が、一番身近にいる飛行機仲間だった。

何しろ狭い路地を挟んで、ほんの数歩のお向かいに住んでおられるので、いつでも会えるし話もできる。夕食が終わってのんびりしているところへ、突然飛び込んで来られて、新しい飛行機ができたから見てほしいと言って、ご自宅に引きずり込まれたこともある。日曜日の試験飛行は、いつでもその先生が一緒だった。

飛行機のエンジンに着火するには、電気が必要である。そのためのバッテリーを携行するのだが、中学生の私に買えるのはごく容量の小さなもので、首尾よくエンジンがスタートしなければ、すぐに電気がなくなってしまう。寒い時期など、特にバッテリー容量の不足が顕著になる。そんなときには、先生がご自分の愛車を校庭に持ち込んで、車のバッテリーを飛行機のエンジンの始動のために使うのである。鬼に金棒とはこのことであろうと、子ども心に心強く思ったし、自分もやがては必ず車を持つのだと決意したのも、このときだったように思う。

そして、先生はあるとき、私が免許を取る年齢になったら、この車は君にあげるとおっしゃったのである。その車は、結局私のものにはならなかったが、後年先生が亡くなられた折に奥様から、箱根の博物館に収蔵され展示されているとうかがい、懐かしの車に会いに行ったものである。

その先生からは、本当にたくさんのことを学んだように思う。それは、先生の生き方や暮らし方、そして行動の仕方などたくさんのことであって、もちろん教えられたのではなく、私自身がその方と共に時間を過ごす中で、ごく自然に学び取ったことだと思う。

今も、先生の作られた見事な飛行機と、私の作った少しいびつな飛行機を並べて書斎の天井から吊るしていて、扇風機の風にかすかに機体を揺らしている。

中学生のころ、幸いだったことがもうひとつあった。父親の不在である。単身赴任で、土曜の夜に帰宅し月曜の朝出勤するという生活が、中学二年生から高校二年生まで四年間続いた。小学生のころから、学校の勉強について非常に、というより異常とも言えるくらいうるさい父親だったので、その四年間を共に暮らしていていたら、私はおそらく父親に強く反発し、生活も性格も大きく歪んでいってしまったに違いない。

とにかく、土曜の夜から月曜の朝までの辛抱で、その間だけ密かに目立たないように飛行機作りをして、机に向かっているふりだけをしていればよかった。おそらく父親の方でも、週の大半を別居しているわけだから、共に過ごすわずかな時間を不愉快なものにしたくない、という気持ちも強かったのだろう。大きな衝突もせず、無事に四年間を過ごせたのは、本当に幸いだったと思う。

中高生という、大人になる前の大切な時期に、男の子としても父親から学ぶべきことはたくさんあったに違いない。その父親が不在だったわけだが、それは私にとってはむしろ幸いだった。その代わりとなる生き方のモデルとして、先の先生がおられた。一緒に遊び、共に考え、尊敬できて、頼りにできる、素晴らしい大人である。こういう大人になりたい、こんな生き方をしていきたい、こうした思いが強く心に刻まれたように思うのである。

それは文字通りの先生だったのか、父親代わりだったのか、仲間だったのか、友だちだったのか、あるいはその全てだったのか、いずれにしても、同じ目標に向かって共に進んでいく、すぐそばにいる大切な人だったのである。

サン＝テグジュペリは、先の言葉に続いて次のように述べている。
「同じザイルに結ばれて、ともに頂上を目指すのでなければ、仲間とは言えない。向き合うのは頂上に着いてからでいい。」（二七二頁）
先生は還暦を過ぎたばかりのころに、惜しくも亡くなられてしまった。二人して頂上に着く前に、先生は目の前からいなくなってしまわれたけれど、今でも私の心の中には眼鏡の奥の優しい目が、しっかりと私を見つめてくださっているように思うのである。

映画の中の並ぶ関係——宮崎駿作品を中心に

宮崎駿監督のアニメ作品の話をすると、多くの作品の中で何が一番好きかという議論になる。私はどれも好きなので、どれが一番とはなかなか答えられないのだが、一番印象に残っているのは、「風の谷のナウシカ」である。数ある宮崎作品の中でも、この映画は別格なように感じている。私は、この作品を東京の池袋の映画館で観た。今はもうその映画館はなくなっていて、跡地には電気製品の量販店が立っている。

この映画の素晴らしさ凄さを語るのに、ナウシカの魅力やあらすじ、思想をくだくだしく述べる必要はないように思う。私が池袋の映画館で体験した、たったひとつの事実を述べるだけで十分だろう。それは、私がそれまで一度も体験したことのないことだったし、それ以後も遭遇したことのない事態である。

私は常々、映画館で映画を見ていて、エンドロールが流れ始めると席を立っていく人たちに、苦々しい思いを抱いていた。館内が明るくなるまで、エンドロールを見るともなく見ながらエンディングテーマに耳を傾け、ゆったりと余韻に浸っていたいのに、足早に帰り始める人たちのざわめきがそれを邪魔する。

ところが、このときは違っていた。誰一人立ち上がらず、エンドロールが終わり照明がついて、館内がすっかり明るくなったときに、その奇跡は起こった。一斉に、拍手が巻き起こったのである。何も写っていないスクリーンに向かって、数百人の観衆が一斉に拍手をしているのである。

第三者がその光景を見たら、どう思っただろう。これから、誰かがステージに出てくるのか、それとも今まさに誰かが去っていったところなのか、いずれにしても誰か生身の人間の存在を想像しただろう。しかし実際は違った。誰もいない、ただの空白のスクリーンに向かって、皆が拍手をしていたのである。

というわけで、ナウシカは別格だけれども、元飛行機好き少年の私としてはやはり好きな映画は「紅の豚」と「風立ちぬ」である。いずれも、何と言っても飛行機が主役扱いだからである。もちろんナウシカもメーヴェに乗って空を飛ぶのは同じである。「風立ちぬ」は、二日続けて映画館に通って観たくらいである。もちろん、それら以外にも「天空の城ラピュタ」も素晴らしいし、「千と千尋の神隠し」も「魔女の宅急便」も「となりのトトロ」も「もののけ姫」も、どれもこれも魅力溢れる作品である。

なぜこれらの作品群がこれほどに魅力的なのか、それをつぶさに評論するほどの力量を、私は持ち合わせていない。ただ、登場人物たちの関係性、とりわけ並ぶ関係に注目してその意味を解釈することはできるように思う。

かつて私の研究室で、ジブリ映画を研究対象として卒業研究をした二人の学生がいた。その内の一人は、その後も大学院生として私の研究室で研究を続け、その卒業研究を分析し直し論文に仕上げた（鈴木・近藤、二〇〇七）。その研究を簡単に振り返りながら、映画の中の並ぶ関係の意味を考えてみたい。

研究の対象は、スタジオジブリが公開したアニメ映画を中心として検討し、二〇〇七年段階でそれまでに公開されていた宮崎駿監督七作品を扱うこととした。そしてその時点で、作品のＤＶＤだけでなくシナリオや絵コンテが入手可能であった、次の六作品が最終的な研究対象となった。カッコ内は公開の年と月である。

「風の谷のナウシカ」（一九八四年三月）、「となりのトトロ」（一九八八年四月）、「魔女の宅急便」（一九八九年七月）、「紅の豚」（一九九二年七月）、「もののけ姫」（一九九七年七月）、「千と千尋の神隠し」（二〇〇一年七月）。

研究の結果としては、主人公と登場人物の誰かとの共視の場面を特定し、二人の距離および身体的接触と表情の一致を測定することで示された。ここで共視とは、共同注視あるいは共同注意ともいわれる概念で、二人の人物が同じ対象を見つめながら、情緒的交流があるような状況のことである。距離は、互いの気配を肌で感じられるような個人空間の重なる一メートル未満、個人空間が重なることはないが互いの存在を意識できるような五メートル未満、互いに影響を与えにくい五メートル以上の三段階に区切った。表情については、その判断がしやすいことが国際研究で明らかにされている、「嬉しさ」「驚き」「恐れ」「悲しみ」「怒り」「嫌悪」を基準として判断した。

表2にあるように、互いの距離が近いほど表情の一致率は高く、図4で示されているように、映画ごとに見るとその傾向は多くの作品で同様であった。また、表3で明らかなように、身体的接触のある方が表情の一致率が高いことも示された。

まとめていえば、これらの映像作品においては、主人公を中心とした登場人物が共同注視をしている場面が明確に描かれており、そのことが観客に実生活での共同注視を思い起こさせ、共感と安心感を与えているのではないかと考えられるのである。

映像作品を対象として、共同注視の視点から分析をする試みは私の独創ではない。すでに北山（二〇〇五）らが、多くの論考を発表している。それによれば、古くは小津安二郎監督の映画「東京物語」で描かれている老夫婦の共視場面が、映像作品としての共視の原型かもしれないし、絵画としてはさらに遡って、江戸時代の浮世絵にはそうした共視場面が盛んに描かれていたという。

二人の人物が、共に同じ方向を見つめながら、同じ表情をしている場面は、それを見る私たちに、自身の身近な人との懐かしく温かい場面を思い起こさせるのではないだろうか。それが、宮崎駿監督のアニメ作品が多くの人に受け入れられる、ひとつの大切な要因なのではないかと

表２　身体的距離と表情の一致率（鈴木・近藤，2007）

	共視の度数	表情の一致	一致率
１ｍ未満	391	248	63.4％
５ｍ未満	80	39	48.8％
５ｍ以上	12	4	33.3％

表3　身体的接触と表情の一致率（鈴木・近藤，2007）

	共視の度数	表情の一致	一致率
接触あり	99	65	65.7％
接触なし	382	217	56.8％

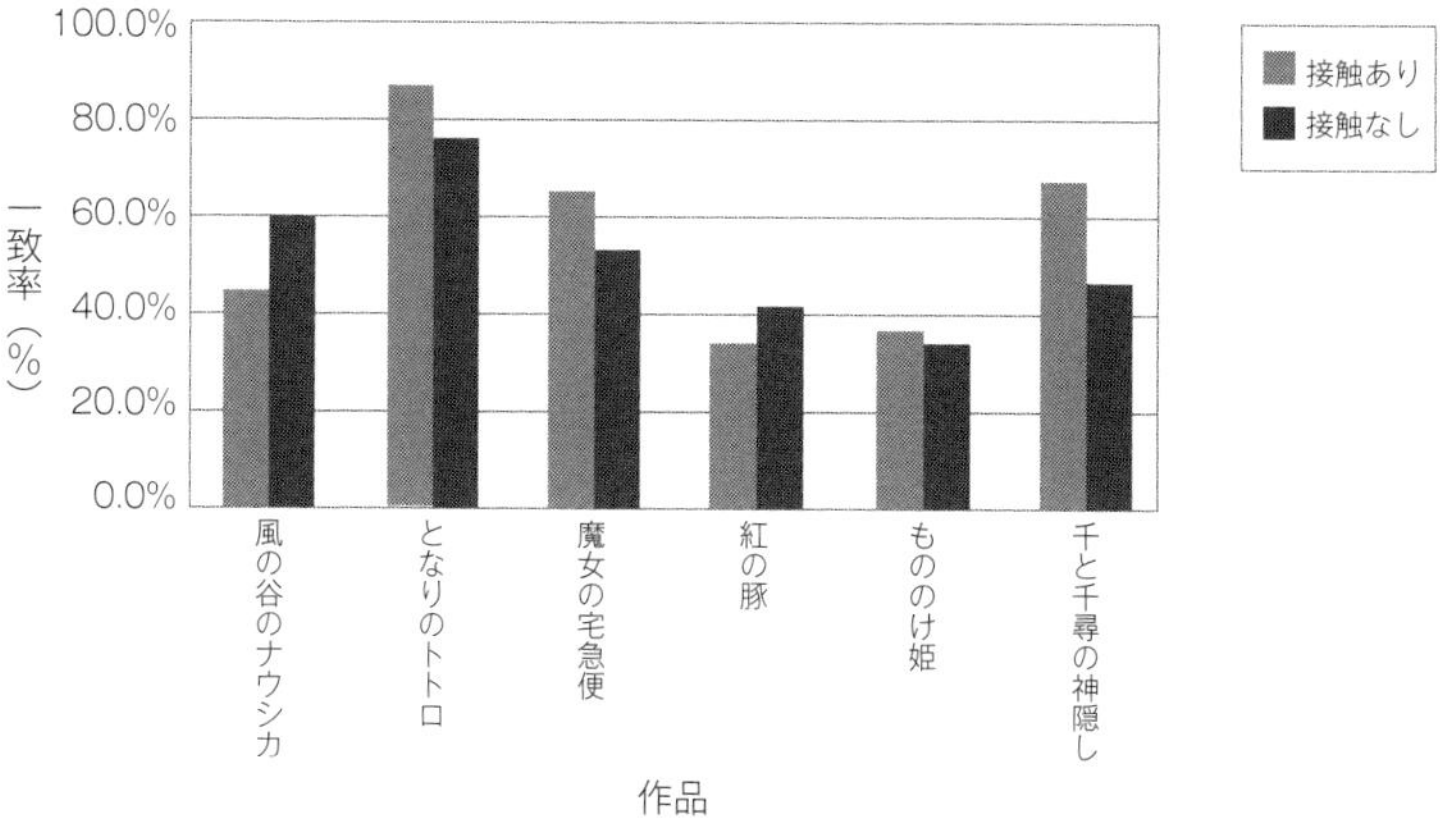

図４　作品の身体的接触に関する表情の一致率（鈴木・近藤，2007）

考えるのである。

並ぶ関係は力の根源：一糸乱れぬ隊列を見よ

――半村良『収穫』から

軍隊の行進は一糸乱れぬ隊列を組んでいる。規律のため、そして戦いのために必要だからである。私自身、半世紀前の学生運動のデモ行進で、隊列を組んでいたことを思い出す。権威や権力、儀式や儀礼的なものを否定し自由を叫んでいても、目の前に隊列を組んだ警察官の大軍を見たときに、やはりこちらでも隊列を組むことが必要だったのである。

入学式でも卒業式でも、列を組むし、教室の机も行と列を揃えて整然と並べられる。映画館でも劇場でも、サッカー場でも野球場でも必ず並んで、皆が整然と一点を見つめる。ロックフェスなどの野外の音楽コンサートでさえ、乱雑に思い思いの様子で辺り一面に散らばっているように見えても、結局演奏者がステージに立てば、皆同じように一点に視線を送る。当たり前である。そこに魅力の根源、お目当ての人物が存在しているからである。

しかし、なぜそのように多くの人々が、場合によっては赤の他人同士が、同じように一点を見つめて並ぶのであろうか。それが心地良いからであろう。そうしたいのである。一人ではないことを確認したい。自分だけではない、自分は皆と、少なくとも隣の誰かと同じ方向を見ている。同じ場に立っている。自分は間違っていない。そう確認したいのである。

半村良の『収穫』（半村、一九六九）では、主人公の男が、大都会東京にたった一人残されることに、言いようのない不安と恐怖を感じるところから物語が始まる。男は、東京の有楽町の街にある大きな映画館の映写技師である。いつも通り、男は映画館の映写室で淡々と仕事をしている。映写機が順調に動作していることを確認し、必要な段取りに従って作業をしている。ところが男は、ふといつもと違う気配を感じる。客席をのぞいてみると、映画の上映中だというのに、全ての観客が無言で列をなして出て行く。男が慌てて外へ出てみると、街中のいたるところから湧いて出た人々が、日比谷の方向へぞろぞろと無言で歩いていく。誰一人立ち止まろうとはしない。男の呼びかけにも答えない。無数の人々の壮大な列が、一点を目指して進んでいくのである。それは、見えない敵との、孤独な男の壮絶な戦いの始まりであった。

物語の最終盤で、日本列島に数人だけ残された人々と共に、男は結局一点を目指して歩いて行くことになる。そこには銀色に輝く球体の飛行物体が着地しており、中から異星人が降り立ってくる。地球人よりも格段に進化した技術を持っている異星人たちは、自分たちと同じ体型をした生物の種を、自分たちの天体と同じような組成を持つこの地球に、数万年前に植え付けたのだった。生きたアンドロイドとして地球に種を植え付け、必要な数まで繁殖するのを待っていたのだ。数十億の数まで繁殖した人間、実は異星人からすればアンドロイドである人間たちは、それぞれが何らかの技術や能力を備えた役立つ存在である。奴隷として、役立つ道具として用いるのだ。そして収穫のときがきた。異星人たちのテレパシーによる呼びかけに、単純に応じてきた無数の人々、つまりアンドロイドたちを、まず収穫した。これで十分のはずだった。
ところがテレパシーの呼びかけに、簡単に応じてこない、抵抗する人々がいた。それが、映写技師たち数人だった。映写技師は、テレパシーの呼びかけに抵抗しきれない自分をなんとか抑えようと、自ら足を銃で撃ち抜き耐えた。異星人たちは、何としても抵抗しようとする映写技師たち数人を、最も強力なテレパシーで強引に呼び寄せたのだった。そして告げるのである。
「僕等は時間を利用できる。君等がこの星の原始状態に植えられてから今日までを、僕等はそう長くない時間にしか感じないで育ててきた。君等の観念でいえば、農作物の種を播いてから収穫するくらいの時間だな。」（三六三頁）
映写技師は、この説明を聞いても納得がいかない。なぜ自分は収穫されないのか。この平凡な、なんの取り柄もない自分が、真っ先に収穫されそうなものだというわけである。異星人は続ける。
「彼等は『人間』ではなくて『アンドロイド』なのだ。だからわたしたちの発する信号には全然無抵抗だし、わたしたちの考えた通りにしか行動できないのだ。」（三六四頁）
男は、異星人の話を聞いているうちに、少しずつ理解できてきた。コンピュータは人間より何倍もの速さで計算をする。自分など、まったく足元にも及ばない。収穫されていった人々はアンドロイドで、特殊な能力をそれぞれが持っている。計算が得意な者、記憶力に優れている者、腕力のある者、走ることに長けている者、物を精密に作る力を持つ者、絵を上手に描ける者、話すことが得意な者、文章の表現がうまい者など、それぞれが能力を持っている。映写技師は、特別の抜きん出たもののない、本当に平凡な男にすぎなかった。それは、異星人と同じ種類の存在だということだった。だから、収穫されることはなかったのである。

地球上に生命の種を蒔いたということは、この異星人たちこそ実は神なのかもしれない。神は万能だと思っていたが、それは言い換えれば、特別な抜きん出た能力を持たないということであった。「なんでもできる」ということは、特別に「何かができるということではない」ということなのだ。映写技師たちは、この地球上の新たな「神」として、未来を切り開いていくのである。

映写技師たち「神」は別として、人間というものは同じ方向を見て、同じように歩いて行くことに安心を覚える。私にとっては、それが自然なことなのではないかと思える。「神」のように、なんでもできるあるいは、何もできないというのは、ひとつの理想かもしれないが、それは非現実的なことでもあろう。

何もできないと言って悩む人もいる。しかし、何もできないということはあり得ない。少なくとも、呼吸をしているではないか。物を食べているではないか。それより何より、「何もできない」と語り、嘆いているではないか。そして、そこに存在しているではないか。

小説とは異なり、現実の世界では万能の人は存在しない。存在していること自体、「何かができる」ということなのである。人は、やはり「何かができる」存在なのである。何かできることがある以上、「神」にとって価値のある存在なのである。だから、列をなして同じ方向に向かわせられて、歩いて行ったのであろう。

収穫されないこと、つまり抜きん出た能力を持たないことが良いことなのか、それとも「何かができる」存在であることが人間として望ましいことなのか、そのどちらが良いのかという回答を私は持たない。

ただ言えることは、現実には私たちは誰でも「何かができる」存在であることは間違いのないことだということである。だから神に近づこうとして、どんなに努力しても、逆に努力すればするほど「何かができる」存在になりこそすれ、何も抜きん出たものがない存在にはなれない。抜きん出たものを持つ「人間」であり続けることになるのである。

そして、そうした「人間」だらけのこの世に存在すること、そして今という同時代を生き、同じ空気を吸って生きていくことは、とりもなおさず一人ではないこと、ここに居ていいこと、このまま、ありのままでいいことを確認することにもなるのであろう。

泣いて笑って喧嘩して――辻村深月『かがみの孤城』から

学校に行きたくても行けない子もいれば、そもそも行きたくない子どももいる。人目を避けて、時間差をつけてなんとか学校には行けても、教室に入れない子どももいる。保健室や相談室、あるいは教育委員会や民間組織が運営するフリースペースなどなら居られるけれども、他の場所は駄目だという子どももいる。いずれにしても学校に行っていない、そうした状態の子どもを総称して不登校というようになって、かなりの年月が流れた。

かつては、学校恐怖症という場面恐怖的な神経症のひとつとして扱われたり、母子分離不安という発達上の問題として解釈されたり、そして積極的に学校制度を批判する立場も含む登校拒否という言葉が使われたりと、これまでさまざまな概念と理論で不登校の問題は語られてきた。さらには、はっきりと理由も原因もわからないけれども、とにかく学校に行っていないという子どもも少なくない。そして、今や不登校という言葉が、特定の否定的な印象を与えるという受け取り方さえ、小さくない声として聞こえ始めている。

今から三〇年ほど前の、一九八八年の暮れのことであったが、学校に行けない若者の居場所作りに、私自身が関わっていたことがある。大学院の博士課程で研究をしながら、いくつかの学校の講師や中学校・高等学校のスクールカウンセラーなどを兼務していたころである。大学院の教官から、若者の居場所作りをするので、手伝ってほしいと声をかけられたのである。

そのころ、すでにスクールカウンセラーとして、個人カウンセリングには一〇年近く携わっていて、ある程度の知識と技術の蓄積はあったものの、グループでの活動となるとほとんど経験も知識もない。しかし、明確にお断りするような理由もなく、言われるままにその施設の責任者を引き受けて、活動を始めたのである。

東京都内の、駅の近くのワンルームマンションの一室で、その活動は始まった。大学院教官の関係している、ある精神科クリニックからの紹介者が主体となった利用者は一〇数名、平均年齢は二〇歳前後の男女であった。一方のスタッフは、私を含めて一〇名近くの寄り合い所帯である。スタッフには、経験を積んだカウンセラーもいれば、現役の大学生もいる。とにかく、スタッフと利用者合わせて総勢二〇名余りの人々が、さして広くもないマンションの一室で、週に二回集まっては二時間ほどの時間を過ごす。カードゲームをしたり、歌を歌ったり、何気ない会話をしたりと、それぞれ思い思いに時間を過ごす。

会話がうまくできない人もいれば、こだわりが強くて他人の立ち居振る舞いが気になって仕方がない人もいる。如才なく振る舞っているように見えて、実は大変に気をつかい過ぎて疲れきって、一回おきにしか出席できない人がいる。来るには来ても、腹具合が悪くなって、二時間のほとんどをトイレに閉じこもっている人もいる。気の弱い人もいれば、妙に尖っている人もいる。出会って、挨拶をするところから始まるはずの人間関係が、しっかりと目を見て挨拶をすることが、まず難しいという人もいる。そこでは、当然のことのように摩擦や衝突も起こる。それを、スタッフが中に入って、緩衝材となり潤滑油となってなんとか丸く収め、少しずつ前に進めていくのである。泣いて笑って喧嘩して、少しずつ馴染んでいきながら、一進一退を繰り返し経験を積み成長していく。

二〇一七年に話題になった一冊の本がある。人気作家の辻村深月『かがみの孤城』である（辻村、二〇一七）。中学一年生のこころという名の少女が、学校でいじめに遭い登校できなくなるところから、物語は始まる。

いじめっ子の集団が自宅まで押し寄せてきて、こころは怖くて外に出ることもできない。両親が勤めに出ているある日の昼間、突然自分の部屋の姿見がキラキラと輝き出す。不思議な光に誘われるように手を触れ、気づくと彼女は鏡の向こうの世界にいる自分に気づく。そこには、すでに六人の中学生たちが集まっていた。結局、こころを含む少女三名、少年四名の合計七名の中学生が、それぞれの自宅の子ども部屋の鏡からやってきて、日中だけその孤城で過ごすことになる。しかも、全員同じ学校の生徒だという。

孤城には、狼の仮面を被った小学生ほどの少女がいて、ある課題を宣言する。年度末の三月三一日までに秘密の鍵を見つけること、その鍵を見つけたものは願い事がなんでも叶えられるというのである。ただし、そのときここでの全ての記憶がなくなるという。

そうして、孤城での毎日が始まった。順調に城にやってくる子ばかりではない。こころ自身も、行けない日もある。学校に行けないだけでなく、楽しいはずのこの城にさえ行けない自分が、情けなくなったりする。それでも、五月から通い始めて五か月ほどが過ぎた一〇月のある日、皆で力を合わせて鍵を探そうということになったとき、こころは思うのである。

「自分の願いが叶うことが本当は一番嬉しいけど、それ以前に、城の、この場所で三月までの期間を楽しく過ごせることの方も同じくらい大事だ。」（二一九頁）

一人の男子も、はっきりと宣言する。

「忘れるくらいなら、僕は願いなんて叶わなくてもいいよ。」（二二九頁）

七人の中学生たちの孤城での生活では、毎日のように小さな事件が起こる。城に来ないものがいると、それ自体が気になって仕方がない。来れば来たで、減らず口を叩いたりして、相手の気分を害する。喧嘩もすれば、恋もする。三人の女子に、次々と告白をしてフラレ続ける男子がいる。三人の女子は、微妙な関係で、組み合わせを変えながら二対一になったりする。そうした日常の、小さな事件や出来事は、普通に学校生活をしていても起こるものだろう。
そんな普通の生活を、彼らは孤城で送ったのである。こころは思うのである。
「残るものが記憶だけ、なんてことはない。この一年近く、ここで過ごしたこと。友達ができたことは、これからもこころを支えてくれる。私は、友達がいないわけじゃない。この先一生、たとえ誰とも友達になれなかったとしても、私には友達がいたこともあるんだと、そう思って生きていくことができる。」（三九一頁）
友だちと泣いて笑って喧嘩をして、共有体験をしてノリ付けして積み重ねた和紙は、一生崩れることはない。ひとつひとつの記憶は消えてしまうかもしれない。なぜかわからなくても、自分では思い出せなくても、共有体験の事実は消えることはない。分厚い和紙の束は、心の中の一番底のところにしっかりと根付いて、その子を支えてくれるのである。

コラム

並べば

我が家の近くにも、小さなショッピングモールがある。その立体駐車場では、横向きに動く大きなベルトコンベアーに乗った車がゆっくりと駐車場に入っていく様子を、ガラス越しに見ることができる。初めて見たときには、私も近未来的な風景に思わず惹きつけられたのを覚えている。あるとき、今まさに駐車場に入って姿を消そうとする車に向かって、若い夫婦と二人の子どもが、ガラスに張り付くように横一列に並んで手を振っていた。そして父親が大きな声で、「さよなら、バイバイ」と声をかけると、子どもたちも声を揃えて「バイバイ、またね」と手を振っている。素敵な温かい家族の様子に、あの子たちは大丈夫だなと胸を熱くした。

カルガモの親子が、縦列で道路を横断する姿が、メディアを賑わす季節がある。数羽の幼い雛が、親鳥の後に続いて一列になって歩いていく。車や人は、彼らが住居を移すための行列が道路を渡りきるのを、にこやかな笑顔で見送る。微笑ましい光景である。なぜ彼らが一列になって行列するのか、そもそもなぜ住居を移すのか、動物行動学を専門としない私にはその理由はわからない。しかし、人がなぜその光景を好ましく感じるのか、それは明らかである。一列に並ぶという行為、親しいもの同士が共に行動するという事実に、人は心動かされる。

自分たち自身が、そうした行為をしてきたからであるし、あるいはそうしたいと思っているからである。自分がしてきたこと、あるいはこれからもしてみたいと思っていることを、小さな鳥たちがしかも幼い雛までもが、同じ行為をしている。それを見て、私たちは心動かされるのであろう。

蟻の行列でさえ、人を惹きつける。どこから来てどこへ行くのか、興味津々でどこまでも追い続けていく子どももいる。蟻の行列もカルガモの行進も、空を飛ぶ雁の編隊も、どれもそれぞれの種に特有の理由があるのであろう。しかし、それとは別に、私たちは自分自身の経験や期待から、そこにひとつの意味付けをして、思わず惹きつけられてしまうのである。

人気のあるレストランや蕎麦屋の店先に、長い列を作って食事の順番を待つ光景を目にすることが少なくない。同じように、遊園地の乗り物の前で順番を待ったり、帰省ラッシュで渋滞しているとわかっていても、高速道路に入っていって延々と続く車列に並んだりする。こうした縦列だけでなく、並列ももちろん人を惹きつける。

車は運転席と助手席が横並びだし、遊園地のジェットコースターや観覧車でも並列になる。映画を観るのも、ライブコンサートでも、野球場やサッカー場でも友人や家族と横並びになる。新幹線の旅でも、わざわざ縦に席を取る家族やカップルはいないだろう。できる限り、横に並んで座ろうとする。犬と人も、横に並んで散歩をする。並列も縦列も、とにかく並ぶという行為、状態が人を惹きつけるのである。

並べば、人は一人ではないことを確認できる。横並びに限らず、縦に並んでもそれは同じである。ジェンカでは、前の人の肩に手を置いて、歌に合わせて跳ね回る。自転車の荷台に腰掛けて、前の人の腰に手を回す。オートバイの二人乗りも同じである。人馬一体という感覚は、乗り物と運転者の一体感であるが、二人乗りの一体感も格別である。運命共同体といえば大げさだが、やはり同じ方向を向いて同じ目的地に向かって時間を共有している感覚は格別である。呉越同舟の言葉のように、実は敵味方であったり意見が合わないもの同士でも、同じ時間と空間を共有したりしているうちに、少しずつ気持ちが通うようになるということもあるのではないだろうか。

並ぶとき

全国を旅していると、いつも思うことがある。広大な野山が広がっているのに、家々が道路沿いにきれいに並んでいる。もっと伸び伸びと暮らしたらいいのに、と思うのである。かくいう私自身、都会の片隅にマッチ箱のように並んだ家に暮らしている。こうして並ぶとき、自分はなんと度量の狭い、器の小さな人間なのだろうと思う一方、やはり一人では生きていけないのだ、並ぶことで安心を得ているのだと納得する。

ごく限られた特別な人を除いて、広大な原野に一人で暮らすことなどできないのであろう。農山村の過疎化と都市の過密化が、ますます進行している。それは当然のことなのかもしれない。解決策は、まったく頭に浮かばない。無力である。

あるときテレビ番組で、有名な人気タレントがとんでもないことを言っていた。「東京、東京と皆が東京に一極集中している。そんなに東京が良いのだったら、北は仙台あたりから西は名古屋あたりまでを、一括りにして東京ということにしたらいいのじゃないか」というわけである。東北地方から中部地方までの広大な土地には、人の住みたがらない場所がたくさんある。けれども、そこも東京なのだったら、人々の感じ方は違ってくるのじゃないか、というわけである。

それを聞いたとき、なかなかのアイディアだと思ったけれども、少し考えてみると、実は今の東京にだって過疎地はたくさんあるのである。標高二〇〇〇メートルを超える雲取山も東京である。そして、雲取山まで行かなくても、過疎地が幾らでもある。東京だから良いのではなく、特定の地域のしかも鉄道の駅のそばにしか、人は住みたがらないのである。そこに、家を並べたいのである。そこに並んだとき、人は初めて安心を得ることができるのである。

鉄道の駅が重要である。ただ、駅に近いからといって、高層のいわゆるタワーマンションなどというのは疑問である。確かに、建物の入り口まで行くには駅から数分かもしれない。しかし、自分の部屋のある階が三〇階だとしたら、果たして階段を使って登っていけるのだろうか。少なくとも日常的には無理だろう。

高層マンションは、あくまでもエレベーターの存在を前提としている。駅から近いのは、ふもとまでの話である。入り口、エントランスまでの距離である。電気が止まったら、歩いて自分の家に帰りつけるのだろうか。それなら、車での移動を前提として、駅から徒歩三〇分のへんぴな場所の家の方が良いと思うのだがどうだろう。

エレベーターを前提とするか車を前提とするかの違いである。不便な家でも三〇分歩けば、必ず家に帰りつける。三〇階まで登るのは、高齢者にとっては命に関わる大事業のように思われるのである。二〇一一年の東日本大震災では、東京でも大変な混乱が起こった。私自身、ようやく自宅に帰り着けたのは、日付が変わって数時間経ってからのことだった。あの日のことを思い起こすと、こんなひねくれた考えが頭に浮かぶのである。いずれにしても、私たちは機械やエネルギーに頼って生活している。ただ単に、考え方や好みの違いにすぎないのかもしれない。

並んだその先に

最近のテレビを見ていると、かつては正月などにやっていたような特別番組ふうのバラエティ番組が並んでいて、本当に心底うんざりする。民間放送の場合は見なければ良いので、実際にまったく見ない。したがって、そうした番組に出演頻度の高いお笑い芸人の類には、まったく関心がないしそもそも名前も顔も知らない。しかし、公共放送たるＮＨＫでは、是非ともそうした番組は最小限にしてほしいと思っている。

バラエティ番組では、出演者がひな壇に並んで座らされている。カメラが向いているときは最高の笑顔で愛嬌を振りまいているが、それ以外の時間は少なからず力を抜いていることだろうと想像する。実際に、そんな番組にゲストの専門家として出演したことがあるので、それは概ね当たっていると断言できる。大阪の毎日放送の「ちちんぷいぷい」という番組の中で、「いのちの教育」についての特集が組まれ、一五分ほどの生放送に出演した。六人ほどの出演者の人たちは、皆さんそれぞれ一所懸命やっておられたと思うが、興味や関心の持てないテーマで退屈だった人もいたのではないだろうか。

旅番組も少なくない。当てもなく、約束もなく、ぶっつけ本番の旅と称しているが、どこまで信じて良いものやら。そんな数ある旅番組の中で異彩を放っているのが、「ブラタモリ」というＮＨＫの番組である。相当な人気番組のようで、最近では番組の内容をまとめた単行本が何冊も出版されて書店に並んでいる。

この番組の人気の秘密は、まず何と言ってもタモリというタレントの存在、その博識、そのユーモアのセンスであろう。どこで、いつ学んだのだろうというくらいに、岩石や地形や坂道についての造詣が深い。石のことを、強い意志を持って学んだのだろうか。二つ目は、当てのない旅ではなく、必ずその地を訪ねる目的が明確に示されていることである。「なぜ、この地が交通の要衝となったのか」「なぜ、この地が高級住宅地となったのか」など、必ず番組の目指す先が語られる。そしてもうひとつ。何と言っても重要なのは、タモリが連れの女性と並んで歩いていく、ということである。その二人が、なんとも楽しげに、しかも一定の節度と距離を保ちながら、並んで目的に向かって歩を進めていく。それを視聴者である私たちも、共に並んで歩いている気持ちにさせるのは、テレビというメディアの持つ力である。

連れの女性は、若いアナウンサーである。知的なものを感じさせるが、その知性をひけらかさない。というより、石や地形や坂道については、ほとんど何もご存知ない。もともと魅力ある女性アナウンサーを選んでいるのだとは思うが、この番組を通して一層その魅力に磨きがかかっているように思う。それは、人と並ぶという行為が、どれほど人の心の奥深くに染み込んでいく力を持っているか、ということを示している証拠であるように思う。毎回の番組の最後に提示される、二人が並んだスチール写真が、とにかく素晴らしい。

並んで歩いていく、その先に何があるのか。何かなければ、並んで歩くこともないであろう。並んで歩いていかなければ、二人の関係が深まることもないし、ありのままの自分をありのままに受け入れる気持ちも、育まれることはないであろう。そして人が、その人であるままに輝く、ということもないであろうし、何の発見もないであろう。

第四章　気づかなかったことを気づかせてくれる21のQ&A

共有体験について

①共有体験を強くするもの

Q　地域で子ども会の指導をしている者です。私自身、さまざまな場面で共有体験をすることが大切だと考えて、子ども会の活動を続けています。共有体験では、一枚一枚和紙を貼り合わせるような作業が、自尊感情を育むことだとおっしゃいますが、ではその和紙を貼り合わせるための「ノリ」に当たるものは何なのでしょうか。

A　実際の和紙を貼り合わせるのはノリですが、「体験」という和紙を貼り付けるノリはそのときに共有した「感情」です。共有体験とは、体験の共有と感情の共有の両方が同時に必要です。一緒に行動して、同じ体験をしていても、感情が共有されていないとしたら、それは共有体験とは言えません。

このことを考えると、いつもひとつの事例を思い出します。不登校で家に閉じこもっていた、ある高校生の男の子が、母親に頼んで週末ごとに車でドライブに出かけていました。最初は、子どもがようやく外へ行く気になってくれたと母親は喜んでいたのですが、毎週のことで、しかも何時間も当てもなく走らせられて、やがてうんざりするようになりました。運転席の母親と助手席の男の子は、並んで同じ方向を見て、同じ景色を見ながら、何時間も体験を共有しています。でも、心の中はまったく違うのです。母親は、うんざりして疲れ切っています。この時間が早く過ぎていかないか、そればかりを気にしています。子どもは、学校にいけないでいる自分の歯がゆさと、母親を苦しめている罪悪感が心を占めています。つまり、感情は共有されていないのです。これでは、いくら体験を共有しても、二人の心に積み重なる和紙はノリが染み込んでいないので、すぐに崩れて元の木阿弥になってしまいます。

少年は、なぜそれでも毎週のドライブを母親に求めたのでしょう。それは、積み重なっても崩れてしまう和紙だけではなく、一回のドライブでほんの数枚の和紙にはノリが染み込んでいたからではないでしょうか。例えば、走り続けて二人とも疲れ果てて数時間経った夕方、海岸線に出た途端、夕日が海の向こうに沈む瞬間に遭遇したとします。その瞬間、二人は思わず息を飲んで、その美しさに声を失ったのではないでしょうか。つまり、まったく同じように感動したのです。

こうして、何百枚もの和紙が積み重なっても崩れ去ってしまいますが、何時間もの体験の共有の中で、ほんの数枚はノリが染み込んで崩れずに積み重なっていったのだと思います。時間はかかりましたが、やがてその積み重ねが十分になったときに、少年はありのままの自分を受け入れ、外の世界に目を向けることができるようになっていったのです。

Q　②共有体験にはどのくらい時間がかかるか

中学生の母親です。共有体験で自尊感情を育むのは、時間がかかり過ぎないでしょうか。熱気球を膨らますように、すぐに効果が出ることを期待してしまうのですが、どのくらい待たなければならないのでしょうか。

A 私たちの中学生を対象にした研究によれば、約三か月が必要でした。それを長いと感じる人もいるかもしれませんが、私の実感ではむしろ意外に早いような気がしています。年単位で時間が必要なのではないか、そんなふうに予測していたからです。

その研究では、和紙の枚数が不足している、つまり共有体験の経験の少ない生徒一人と、和紙がたっぷりと積み重なっている三人の生徒で、四人のグループを作りました。クラスの中に、そうした四人グループを作って、九月から一二月までの二学期の間学級活動をしてもらったのです。活動の前後で調査をして結果を比較してみると、和紙の枚数の不足している生徒の枚数が、しっかりと増えていたのです。

ミヒャエル・エンデが『モモ』の中で、こんなふうに言っています（ミヒャエル・エンデ、一九七六）。

「いいかね、地球が太陽をひとめぐりするあいだ、土の中で眠って芽をだす日を待っている種のように、待つことだ。ことばがおまえの中で熟しきるまでには、それくらい長いときが必要なのだよ。」（二二〇頁）

でも、私の経験では、地球が太陽をひとめぐりする間ほど待たなくても、大丈夫のように思えるのです。

③驚きや感動も共有体験になるか

Q　中学校で長く勤めている理科の教師です。共有体験を意識することで、どのようなことが期待できるでしょうか。私は、感情を共有することができると、それを踏まえて、次の段階として考える意欲が生まれるのだと思いました。センス・オブ・ワンダーという言葉があります。理科では、まず驚きや感動をすることが、学ぼうという意欲を生み出すと考えて授業をやっています。驚きや感動を積み重ねていくという授業の展開は、和紙を積み重ねることと似ているように思うのですが、いかがでしょうか。

A　生徒同士の共有体験を促進することとともに、先生と生徒の共有体験も、とても大切なことだと思います。まずさまざまな事象に単純に驚いたり感動したりすること、そのことがその後の学びのきっかけになるということなのだと思います。本当に、おっしゃる通りだと思います。

多くの場合、覚えたことや考えたことは時間の経過とともに、少しずつ記憶が薄れていくものです。しかし、感動したり驚いたりした体験は、鮮明な記憶として残ります。それは楽しいことやうれしいことだけではなく、つらいことや悲しいことも、なかなか忘れられないという体験からも、よく理解できることだと思います。

子どもたちの記憶に、感動や驚きの体験はしっかりと残りやすく、それをきっかけとして学んだことや理解したこと、考えたことがオマケのように記憶に刻まれるのではないでしょうか。感動や驚きのない授業の内容はすぐ忘れてしまう子どもたちでも、運動会や体育祭や文化祭などの感情の共有を伴う体験は、簡単には忘れないものです。このことが、大きなヒントになるように思われるのです。

④共有体験ができる時期

Q 小学生と中学生の子を持つ父親です。和紙を貼り合わせる共有体験は、子どもが幼いうちにするべきなのでしょうか。年齢制限があるのでしょうか。

A 結論から言うと、遅すぎるという年齢制限はありません。何歳になっても、もちろん大人になってからでも、高齢者になってからでも、いつでも共有体験はできます。誰かと一緒に時間を過ごして、同じように感じることができれば、必ず共有体験の和紙は貼り付けられます。

ですから、時期が遅くなり過ぎたからといって、何も心配する必要はありません。手遅れということはないのです。いつからでも、和紙を重ねることはできます。ただ、成長していくに従って、さまざまな困難なことを体験する機会が増えてくるでしょう。「すごい自分」が凹んでしまうかもしれません。そんなときには、それまでに和紙がたくさん積み重ねてあって「ありのままの自分」がしっかりしていれば、その困難なときを乗り越えていくことができるでしょう。

ですから、幼いうちに一枚でも多く和紙を貼り合わせておくことは、困難を乗り越えるために大切なことだと言えます。でも、繰り返しますが、手遅れということは決してないのです。

⑤共有体験が効果的な年齢

Q　四〇代の中学校教諭です。和紙を積み重ねる年齢について、何歳くらいからそれが可能になって、何歳くらいまでそれができるのでしょうか。積み重ねるための最適年齢の幅などがあるのでしょうか。

A　一九七五年にイギリスの『ネイチャー』という科学雑誌に掲載された論文が、子どもと大人の共同注視のことを明らかにしています（Scaife & Bruner, 1975）。共同注視というのは、二人の人が一緒に同じものを注目して見ることです。例えば夕焼け空を見たり、月を見たりして、ああきれいだなと気持ちを共有する体験です。

その論文では、一歳未満の幼い子どもが、大人が指さす方向を一緒に見る行動は、月齢を追って比率が増えていくことを明らかにしました。大雑把に言えば、六か月を過ぎてくると、多くの子どもは大人が指さす方向を一緒に見るのです。逆に言えば、それより幼い子どもは大人の指さし行動の意味を理解できないのです。それよりもその時期の子どもにとって大切なのは、親の目、親の顔、親の表情を見つめて、それに反応することです。言い換えれば、それは見つめ合う関係で、アイコンタクトをして愛着（アタッチメント）を深める、二人だけの閉じた世界を形作っています。そして、そのことがとても大切な時期なのです。

ところが、六か月を過ぎたころから、二人は並んで同じものを見る行動ができるようになります。言い換えれば、二人は閉じた関係から、世界に向かって開かれた関係に移行するのです。これは子どもにとって、人との関係における大きな変化だと言えるでしょう。この経験が、後にさまざまな他者との共有体験つまり和紙を積み重ねる体験の、とても大切な準備になっているのです。

そういうわけでおよそ六か月を過ぎたころから、子どもは和紙を積み重ね始めると言えるでしょう。そして、その経験は生涯を通して、生きている間ずーっと繰り返され、たとえどんな高齢になっても、身近な誰かと感情が動く体験をすれば、必ず一枚の和紙が心の底に積み重なって、ノリ付けされていくのだと思います。

生後六か月すぎからなら、あとは共有体験には年齢制限はありませんし、基本的自尊感情を育むということにも年齢制限がないのだと思います。何歳になっても夢中になって、一緒に隣の誰かと気持ちをひとつに、感情をひとつにすることができる人であれば、三〇歳でも四〇歳でも五〇歳でも六〇歳でも七〇歳でもできると思います。

そのためにも、幾つになっても柔らかな感受性と、開かれた感性を持ち続けることが、とても大切なことだと思います。そうすれば、親として子どもと共有体験を積み重ねるだけでなく、祖父母として孫と共有体験をするという、とても大切な関わりを続けることができるのだと思います。

⑥具体的には共有体験は何をすればよいのか

Q 小学生の母親です。共有体験とは、具体的には何をすればいいのでしょうか。

A 一緒にご飯を食べるだけでいいのです。もちろん、おやつでも構いません。ジュースを一緒に飲んだり、アイスクリームを食べたりするだけでいいのです。ああ、美味しいとか、冷たくて甘いねと感じあえれば、それは立派な共有体験です。

テレビで、アニメやドラマやスポーツの試合を一緒に見たりすることも、大切な共有体験です。ハラハラドキドキしたり、思わず目頭を押さえたり、笑ったり叫んだり、どれも素晴らしい共有体験です。お気に入りの同じアニメを、何回でも何十回でも一緒に見ることをお勧めします。

たまには、どこかに出かけて一緒に時間を過ごすことも貴重な体験です。でも、わざわざ野外体験や自然体験をしなくても、家の中で十分共有体験はできると思います。感情のノリが染み込んだ和紙を、一緒に何枚も重ねていってほしいと思います。

共有体験の難しさについて

⑦ネット依存気味な子と共有体験するには

Q　小学校の養護教諭です。子どもに寄り添う方法として、スマホやゲームを子どもが楽しんでいたら、一緒にやるという方法もあるかもしれませんが、今学校でちょっと落ちつきのない子どもたちは、スマホやゲームのやりすぎで睡眠不足だったり、依存症ではないかとも言われたりしています。早く家に帰ってゲームをやりたい子どもたちがだんだん多くなってきています。そういう中で、親も一緒にやるということについて、注意点をお願いします。

A スマホとかゲームですが、もしかなり危機的な、本当に先生がおっしゃるような状況だとします。お父さんかお母さんが夜を徹してやるぐらいに夢中になってしまい、面白くてたまらないと思っているとします。「おまえ、こんな面白いこと一人でやったのか、ずるいな」といった感じで、親子で本当に一所懸命やるようになったとしたらどうでしょう。例えば、お父さんは仕事に行けなくなって、だんだん生活に支障が出てくると思うのです。そのぐらいまで大人がやらないと子どもはお父さんをゲームの仲間として認めてくれないと思います。

そこまで、もし、完全に波長が合えば、そこからお父さんが少しずつゲーム時間を減らしていくことによって、子どもも一緒に下がっていくことができると思います。音楽療法の考え方はまさにそれだと思います。音楽療法の場合、例えば気持ちが沈んでどうしようもないような状態になっている人に聞かせる音楽は何か。一番元気の良い音楽といえば、ワーグナーで間違いないと思うのですが気持ちの沈んだ人に聞かせる音楽ではないのですね。

そうではなくて、気分が沈んでいる子どもの気持ちに合うような、非常に沈んだ葬送行進曲みたいなものをまず聞いてもらうのです。カウンセラーも一緒になって聞いて、二人揃って本当にどんよりした気持ちになる。そんなふうに波調が合ったところから、少しずつ元気な音楽に変えていって、バッハからモーツアルトになって、ベートーベンになって、チャイコフスキーになって、最後にはワーグナーとなって、「さあ、行くぞ！」みたいな感じになる。波長合わせには時間がかかるかもしれませんが、波長合わせをしない限りは共有体験したことにもならないし、その子を導くこともできないのです。

もし、親が子どもと一緒に夢中になって、生活に支障が出るぐらいまで夢中になれれば、今度はお父さんが、「今日はちょっと三時間でやめておこうよ」、「そうだよね、ちょっと疲れたよね」というふうな感じになっていくことができ、だんだん適正なところまで下げていくことができるのではと思います。

このやり方について、理想論だと言われるかもしれませんが、私はそれしかないかなと思います。子どもがゲームに夢中になっていたら、ゲーム機相手の閉じた世界になっていますから、第二章で述べたようにゴリラがいようが、カーテンの色が変わろうが、子どもは気づかないし、閉じた世界にいることの怖さはわからない。いわば無我夢中の状態ですから、そういう子どもをこっちの世界に引き戻すためには、誰かが入っていって、ミイラ取りがミイラになるぐらいの勢いでないと、子どもを救い出すことはできないのではないかと思います。

⑧共有体験しにくい子への関わり

Q　高等学校の養護教諭です。ひとりぼっちで、どうも考え方が極端になったり、思いつめたりしている子がいます。一人で勝手にこじらせているような子がいるのですが、これはなぜでしょうか。私は、どう関われば良いのでしょうか。

A　共有体験を怖がっているのですね。過去に裏切られたり、失敗したりした経験があるのかもしれません。また失敗したくない、裏切られたくない、そう思うと一人でいる方がましだし、誰とも関わりたくないと思ってしまうのだと思います。

この場合、向き合う関係はできるのではないでしょうか。その子が、関係を一切作れないわけではないとしたら、打つ手はあります。ただ関係を深めることに抵抗があるだけなのです。だから、並ぶ関係になることを嫌がるのだと思います。関係を作っては、関係を壊す。つまり、こじらせるということですね。

通常の人間関係では、関係を作った後は関係を深める、ということになります。ですから、その子はこれまでの経験から、関係を作った後、深まる前にこじらせて離れていくのです。そこで、ここは、その子の調子に合わせて、関係を作って、深めようとせずに、そのままの関係を維持することが良いように思います。付かず離れずの関係ですね。こちらが深めようとすれば、その子は関係を壊すというように出てきますから、関係を深めないのです。

付かず離れずの、そんな状態が続くと、いつかその子の方で、何かこれはおかしいぞ、この人は違うぞと感じるようになるかもしれません。そうなるまでの期間は、お試し期間です。先生がその子に試されているのです。カウンセリングでも、カウンセラーは必ずクライエントに試されます。動き出すのは、クライエントの方です。その子が、この人は今までの人とは違うぞ、そう感じるようになるまで、辛抱強く待ってあげてください。

⑨悲しみや苦しさの感情について

Q　中学校の教諭です。悲しみや苦しさの感情も分かち合った方がいいのでしょうか。つらい感情には、むしろ耳を傾けずに、楽しい話題に持っていきたいと思うのですが。

A 共有体験は、楽しい、うれしいといった感情の共有とは限りません。つらい、悲しい、悔しいといった感情の共有も大切です。実際に、そうした感情が起こるのは自然なことですし、それを否定してしまうということは、感情の半分をないものにしてしまうことになるからです。

私は、共有体験の積み重ねをノリの染み込んだ和紙にたとえてお話ししています。楽しい、うれしいといった感情の共有体験は、赤や黄色などの明るい色の和紙かもしれません。つらい、悲しい、悔しいといった共有体験は、灰色や黒ずんだ和紙を積み重ねることになるのかもしれません。

人生には、良いことも嫌なこともあるはずです。色とりどりの和紙が積み重なってこそ、深みのある豊かな人生だと言えるのではないでしょうか。そしてひょっとすると、明るく澄んだ色の和紙よりも、暗く灰色のくすんだ和紙を一緒に積み重ねた人の方が、その子の心にしっかりと根付いて大切なものになっていくのかもしれません。

⑩いじめも共有体験か

Q 中学校の教諭です。いじめられた子は、他者との共有体験をしたことで傷ついたのではないでしょうか。それでも他者と共有体験をした方がよいのでしょうか。

A いじめられて傷つくのは、共有体験の結果ではありません。それは、単なる体験の共有、つまり一緒にそこにいて、何かを一緒にやっていたにすぎません。感情は、共有されていないのです。いじめた子どもと、いじめられた子どもは、同じ場所にいて同じ体験をしていても、心の中はまったく違うのです。感情は、共有されていないのです。

それでも、孤独な子どもや、居場所がないと感じている子どもは、いじめっ子と一緒にいようとします。一緒にいることで、体験を共有できるからです。つまりいじめられることがわかっていても、いじめっ子のそばに行きます。一人でいるよりはよっぽど良いからです。

そして、とてもつらいことですが、いじめっ子と一緒にいて、何かを一緒にやったときに、実は感情の共有を実感できることもあります。本当に、つらく悲しく切ないことですが、いけないこと、悪いこと、駄目だとわかっていること、そうしたことを一緒にやると、怖さやスリルを一緒に感じます。

あってはならない共有体験、感情の共有なのだと思います。嫌だ、駄目だ、怖い、心が痛む、そうした感情の共有です。それでもたった一人でいるよりは、良いのです。だから、いけないことをするいじめっ子とでも、いじめられることがわかっていても、一緒にいてしまうのです。いじめられている子にも、いじめている子にも、温かい思いを伴った共有体験を、私たち大人が用意してあげたいものです。

自尊感情について

⑪和紙の積み重ね方

Q　小学校の養護教諭です。和紙を積み重ねる具体的な方法を知りたいです。そして、すごく勉強ができて頑張り屋さんの子どもへの具体的な対応も教えてください。

A　和紙を積み重ねるというのは、とにかく感情の共有ができるような体験ということなので、御飯を一緒に食べるとか、ジュースを一緒に飲むとか、アイスクリームを一緒に食べるとか、もう何でもいいと思うのです。ああ、おいしいなと思えたら、それは和紙が乗ったというふうに私は考えたいと思っています。だから、そういう楽しいとか、うれしいとか、おいしいとかいう経験でも良いし、逆に悲しいとか、つらいとか、苦しいとか、悔しいとかという体験を、家族で、例えばサッカーの試合を見ていて最後に負けてしまったとき、お父さんやお母さんと子どもが一緒に悔しいという思いをしたとしたら、そのときには和紙が必ず乗っているのだろうと僕は思います。

　ただ、それが乗ったかどうかというのは、本当にわかりにくい、実感しにくいと思うのです。一枚乗ったぐらいではほとんど前と変わっていませんから、熱気球が膨らんだり凹んだりするのと違って、簡単には感じ取りにくいのです。でも、私たちのこれまでの実践的な研究では、一学期間ぐらい見ていただくと、心理テストの点数として表に現れるぐらいに変化するということがわかっています。だから、二か月か三か月ですね。そのぐらいずっと、共有体験を積み重ねるのだという姿勢で教育活動をすると、学校の授業の中や、学校での暮らしだけでも子どもたちの心には和紙が積み重ねられるのです。

とにかく何でも良いので、同じ感情を持てるような体験です。一緒に食べるでも良いし、見るでも良いし、やるでも良いし、ポジティブの感情でも良いし、ネガティブの感情でも良いのだと思います。一緒に同じ感情が共有できるような体験が大切だと考えています。

頑張り屋の良い子への対応は、なかなか難しいと思います。例えば、そんなに頑張らないでいいんだよとか、少し力を抜いてみようよ、などという関わりは絶対にしてはいけません。本当に、その言葉を真に受けて子どもがそんなことをしたら、熱気球が凹んでしまいます。つまり、自分は駄目だ、自分には価値がない、そんなふうに凹んでしまうのです。だから、こうした子どもには、寄り添う関わりが欠かせません。寄り添って、感情を共有して、和紙を積み重ねていくことが先決です。和紙が十分に積み重なっていくことで、全体として自尊感情の値を下げずに、相対的にそんなに頑張って熱気球を膨らませなくても良いようになっていく、そういう関わり方が大切なのです。

⑫無理ながんばりをしている子を見つけるには

Q　小学校の養護教諭です。完璧主義で明るくて、とても頑張ってしまう子かどうか、学校の中でどのように気づけるのでしょうか。そういう子どもがいたら、どう配慮したら良いのかというところも教えてください。

A 自尊感情の四つの型の「肥大化して不安定な自尊感情のＳｂタイプ」頑張り屋の良い子ですね。このタイプの子たちにどうすれば良いかという話ですが、とにかく誰に聞いても良い子だというのはやっぱり見分けるポイントだと思うのです。バランスのとれた「大きく安定した自尊感情タイプ」の子については、全ての先生が良い子だとは多分言わないと思います。

頑張り屋の良い子のＳｂタイプというのは、家でもとにかく問題のない子で、学校でも、どの教科の先生、どのクラスの先生に聞いても、とにかくあの子は良い子だよねと言うと思います。そういう子は、熱気球を膨らませることで自分の自尊感情を保っていますから、それを凹ませる、例えば、「そんなに頑張らなくてもいいから少し手を抜こうよ」みたいなことは言ってもまったく通用しないと思うのです。もう膨らませること以外に生きる術を知らないので、そういう子どもを凹ませるというのは、ある意味その子に、死ねと言っているようなもので、頑張るなとは言えないと思うのです。

でも、一方で、和紙がほとんど積み重なっていない子なので、和紙をたくさん積み重ねてあげるというような関わり方をしてどんどん積み重なっていけば、上の熱気球をそんなに膨らませていなくても、全体として自尊感情の値が保てるようになってくるのです。和紙を積み重ねるような働きかけ、寄り添うような関わりをするというのは時間がかかるので、目に見えて効果がでにくいとは思うのですが、それをやっていくしか、そういう子どもを救う術がないのではないかと思います。

「頑張るな」とか、「そんなに頑張らなくても良いんだよ」なんていうのは、むしろ言ってはいけないことなのではないかと思います。だから、「頑張るな」ではなくて、「頑張らなくても良いようになる」。それはつまり和紙がたくさん積み重なってくれば、全体としての自尊感情の値を下げずに、「そんなに頑張らなくても自分は生きていける」というふうに、自分自身で気づくようになれるのではないかと思います。

⑬親の自尊感情が低いとき

Q 乳児の母です。私の腕の中で、安心した様子で眠っている生まれたばかりの子どもの顔を見ていると、こんなに自尊感情の低い私に育てる資格があるのだろうかと思ってしまうのです。

A お子さんの寝顔を見ていて、そして目を覚ましたときに見つめ合うと、お互いに思わず笑顔になると思います。そんなふうに楽しさや悲しさ、幸せな気持ちや苦しい気持ちを感じることができるなら十分です。

もう少しすると、おそらく生後六か月を過ぎるころには、お母さんが指をさして見る方を、お子さんも一緒に見ようとするようになると思います。それがきれいな夕焼け空だったら、「きれいな空ね。きっと、あしたも良いお天気になるわね」と語りかけてみてください。お母さんの優しい言葉と笑顔に、お子さんは安心して、一緒に夕焼け空を見ることでしょう。そのとき、お母さんも幸せな気持ちになるに違いありません。二人の心に、ノリの染み込んだ和紙が一枚乗った瞬間です。

ここが大事なところです。お子さんの心に和紙が貼り付けられるだけではないのです。共有体験ですから、二人が同じ思いを共有するのです。つまり、お母さんの心にも、必ず和紙が貼り付けられるのです。

子育てをしながら、お子さんと一緒に和紙を積み重ねていってください。親になったということは、自分自身の基本的自尊感情を育む、大切な素晴らしい機会を得ることができたということなのです。

関係づくりについて

⑭向き合う関係になるために

Q　長いこと中学校で務めている教師です。並ぶ関係が愛の関係であり、そうした経験を生徒と重ねることで、生徒の心にはありのままの自分で良いのだという気持ちが育つことはよくわかりました。そして、並ぶ関係になるためには、まず見つめ合う関係、つまり子どもと向き合うことが大切だということも、十分理解できたように思います。ただ、日々関わっている子どもたちは、こちらを振り向いてくれません。いくら働きかけても、プイッと顔を背けて、行ってしまうのです。向き合う関係にもなれない彼らと、どのようにして並ぶ関係になっていけば良いのでしょうか。

A 向き合う関係と並ぶ関係の意味を、明快にしっかりと理解していただけていることを心強く感じます。関係を作るために向き合って、関係を深めるためには並ぶことが重要だという点、つまり子どもとの関わりには「向き合って」から「並ぶ」という順序があるということも、ご理解していただいているようで、とても嬉しく感じます。

おっしゃるのは、振り向いてもくれない、目を合わせることもしてくれない子どもとのことですね。関係を深めるどころか、関係を作ることさえできない現実がある、ということだと思います。向き合おうとしても、なかなか向き合えないという声は、確かによく耳にする悩みのようです。

ここでひとつ思い出される事例があります。ある小学校で人権教育の講演会でお話ししたときのことです。五、六年生一五〇名ほどと、保護者一〇〇名ほどが体育館で待っていてくれました。約六〇分間の講演でした。体育館の床に座った児童のすぐ目の前で、お話をしたりギターの弾き語りをしたりいたしました。とても熱心に耳を傾けてくれたり、時に笑い時に真剣な表情で考えこんでくれたりと、あっという間の六〇分でした。

帰宅のために校庭にいた子どもたちの間を抜けて、駐車場へ向かう私に一人の少女が近寄ってきて声をかけてくれました。

「良かったよ。」

「何が良かった？」

「ギターと歌。」

「ありがとう。」

それだけの、なんということとのない会話でした。

ところが、駐車場に着いたとき、校長先生がおっしゃったのです。さっきの女の子は、実は学校中で問題を感じている子で、校長先生が声をかけても返事もしないで、まさにプイッと顔を背けて行ってしまうような子なのだそうです。その子が、講師である私のそばに近寄ってきて声をかけ、わざわざ感想を述べたことに、大変驚いたというのです。

会場全体の様子から、講演が大いに意義深いものだったことは実感できたけれども、あの子の心も同じように大きく揺れ動いたのだ、ということが確認できた。そして、その瞬間、校長先生自身の感動が、あの子の感動と重なったということでした。

このようなことを、私たちは経験的に知っていることのように思います。たまたま居合わせただけの二人でも、そこに現れた強烈な存在や、有無を言わせぬ体験、時には不条理な事件などに遭遇したとき、同じように心が動いて、心が動いたもの同士が互いの存在に意を強くするような体験です。一般化して言えば、「本物との出会い」ですね。私の講演が、いわゆる「本物」だったかどうかはさておき、生身の人間が生の声でしゃべり歌ったという意味では、間違いなく「本物」です。ビデオや映像の中の講師ではなかったからです。

小説や映画などでは、主人公たちの運命的な出会いの瞬間として、こうした手法がしばしば用いられます。突然の夕立で、思わず雨宿りをした小さな軒先で身を寄せ合う二人、といった情景です。そのときの体験がきっかけとなって、惹かれ合うようになる二人の物語です。驚きや困惑などの感情が共有されて、一気に距離が縮まるのですね。
教育の現場でも、しばしば突発的な出来事が起ることと思います。そのとき、先生も子どもたちも、同じように驚いたり感動したり、笑ったり怒ったり、泣いたり悔しがったりするのではないでしょうか。そのときの、同じ気持ちの共有の瞬間を逃してはもったいないと思います。その瞬間をうまく生かすことができれば、映画の主人公たちのように、「向き合って」関係を作ってから、「並んで」関係を深めるという順番を無視して、一気に関係を深める段階に進めるかもしれません。
サン＝テグジュペリの『人間の大地』に、有名な次のような言葉があります（サン＝テグジュペリ、二〇一五）。
「愛するとは互いを見つめ合うことではない。一緒に同じ方向を見つめることだ」。（二七二頁）
並ぶ関係の大切さ、そのことが二人を結びつけ、愛を深めることを述べています。そして、この言葉には続きがあるのです。ここでは、こちらの言葉の方が重要でしょう。
「同じザイルに結ばれて、ともに頂上を目指すのでなければ、仲間とはいえない。向き合うのは頂上に着いてからでいい」。（二七二頁）
本物の体験ができれば、並んで感情を共有してから、その後で向き合うということも起こり得るということだと思います。

⑮並ぶことへの嫌悪感

Q　小学生の子どもを持つ母親です。並ぶというと兵隊さんの行進を思い起こしてしまって、嫌な気持ちになるのですが、並ぶことにはどんな意味があるのでしょうか。

A　確かに、テレビのニュース番組などで、外国の軍隊が一糸乱れぬ様子で勇ましく行進している光景を見ると、なんだかゾッとしてしまいます。全員一丸となって敵に向かっていくという、強さとか勇ましさなどの意志を世界に向けて誇示し、発信しているようです。全体としての軍隊、行進している兵隊の群れを見ていると、そうとしか思えません。

でも、そこにいる一人一人の兵隊の気持ちはどうでしょうか。もちろん、さまざまだと思います。それぞれが個性を持った、一人の人間のはずです。まさに敵をやっつける気持ちで奮い立っている人もいるでしょうが、さまざまな事情から嫌々義務で兵隊になって行進している人もいるかもしれません。また、外の世界にはどこにも居場所がなくて、軍隊の隊列の中に初めて自分の居場所を与えられて、安心している人もいるかもしれないのです。

集団の中に組み入れられると、嫌でも気持ちが一定の方向へ動いて、同調行動を取ることが知られています。ある有名な実験があります（齊藤、一九八七）。七人の学生を集めて、どう見ても間違えそうにない問題を示し、順に回答を求めます。実は実験の対象となっている一人の学生を除いて、他の六人は全てサクラです。サクラは全員揃って、前もって打ち合わせた通り、同じように間違った答えを言います。すると、実験の対象である学生は、正解は違うのになぜみんなは間違ったことを言うのだろうと、内心ではおかしいと思いますが、結局皆に同調して同じ間違った回答をしてしまうというのです。

一糸乱れぬ軍隊の行進でも、実は一人一人個性を持った人間なのだ、という視点は忘れてはならないと思います。

⑯子どもに寄り添うとは

Q 小学生の母親です。子どもの心に寄り添おう、とよく聞くのですが、どういうことをすればいいのでしょう。寄り添う方法を、もう少し具体的に教えてください。

A 大人がその気になったら、すぐに今日からできることは何かというと、子どもが夢中になっているものを一緒にするということです。

子どもというものは、たいてい何かしらに夢中になっているものだ、そう思われるかもしれません。しかし、そうとも限らないのです。夢中になっているものがない、夢中になるという行為が成立しない、そんな子どももいるのです。

私が、カウンセラーとしてカウンセリング室で出会ったある子どもは、夢中になれることがひとつもありませんでした。それどころか、とにかく体に力も入らないし、ベッドで横になっているしかない。テレビを見る気も起きないし、ご飯を食べる気力もないというぐらいに、本当に何もやる気が起きない状態になっていました。そんな状態にある子たちと関わってきたので、そういう私からすると、スマホに夢中とか、ゲームに夢中というと、それすごいじゃないですかという感じです。

ゲームであろうが、スマホであろうが、とにかく夢中になっているものがあるのであれば、そこの横に親が行って、一緒に夢中になればいいのです。なぜなら、子どもとゲーム機の向き合う関係はできていて、夢中になっているわけですから、そこに、親が行って、一緒になって夢中になれば、まさに共有体験ができるわけです。これは今日、帰宅した瞬間から、大人がその気になればできることです。間違いなくできると思います。

その代わり、大人が子どもと同じように感じて、夢中にならなければいけません。ただ横に寄り添って、「ああ、これがおもしろいのね、あなたは」みたいなことを言ったのでは逆効果です。大人も夢中にならなければいけないと思うのです。子どもとまったく同じように夢中になったときに、ここに二人で夢中という共有体験が生まれるわけです。それを二人が分け合って、和紙として積み重ねるのです。

よくやろうとするのが、親が好きなことに子どもを引き込もうとすることです。これはなかなか難しいと思いますが、たまたま子どもの琴線に触れるような親の好きなことがあれば、子どもがその気になってくれる場合もあるかもしれません。他には、親子で新しく何かに取り組むという方法もあります。これもなかなか難しいかもしれませんが、あり得る話だと思います。いろいろと試してみることは悪いことではないと思います。

子どもがもうすでに夢中になっているものがあれば、それに親も先生も一緒になって夢中になれれば、それで道は開けると思います。大事なのは共有体験なのですから。

褒めることについて

⑰褒めることって大切？

Q　中学生の母親です。自尊感情や自己肯定感を高めるためには、褒めることが大切だとよく言われます。私もそうしようとは思うのですが、うちの子どもは、私から見て褒めるところがないのです。どうしたらいいのでしょう。

A　結論的に言えば、親は褒めなくて良いのです。無理に褒めなくて良い、という方がより正確かもしれません。褒めたくなるような場面があれば褒めても構いませんが、良いところを探してまで、無理して努力して褒める必要はありません。親は、褒めることで自信をつけさせよう、などとしなくて良いのです。親は、いてくれるだけで良いのです。

そもそも、褒めるという言葉には祝う、祝福するという意味があります。誕生日を祝うように、一年に一度くらい祝う機会、褒める機会があれば良いのではないかと思います。それよりも大切なのは、そばにいてお互いがいつも互いを身近に感じているということです。ただそばにいてくれるだけでいい。ただそばにいられるというのは、特別に言葉を交わさなくても、会話がなくても、そこにいることが自然なことだからです。そんなふうに、自分を受け入れてくれている、理解してくれている、そう感じることができれば、それだけで十分なのだと思います。

自尊感情や自己肯定感を高めるために、褒めなくてはならないというのは、大きな誤解です。確かに褒められれば、誰でもうれしいし自信もつくと思います。そうして高まるのは、自己有能感とか自己有用感、自己効力感、社会的自尊感情などです。家庭で、お父さんやお母さんや家族の人たちが大切にするべきことは、そんなことではないのです。

⑱褒められずけなしてしまうとき

Q　小学生の母親です。褒めるどころか、子どもを見ていると気になることばかりで、けなしてしまうのです。どうしたら良いのでしょうか。

A　確かに、親から見れば未熟な子どものことですから、駄目なところばかりが気になってしまうというのは、よくわかります。それで、ついけなしてしまうというわけですね。

でも、考えてみてください。駄目なところが気になってけなす、ということは子どもに関心を持って見ているということですね。子どもに無関心な人は、けなすことさえしません。見ていないからです。けなすことさえできません。

ただ、むやみと何でもかんでもけなすとか、否定するとかいう対応になっていないか、それは確認したいところです。ろくに子どもを見ずに、とりあえず叱るとかけなすような態度は最悪です。

ここは、大事な点です。しっかりと子どもを見ていれば、ここは駄目なところだからと、それを指摘して叱ったりけなしたりすることができます。具体的に、明確に悪いところを指摘すれば、子どもも、ひょっとしたら自覚していることかもしれませんし、言われて気づくこともあるでしょう。そんなときは、しっかりと叱ってあげてください。

いのちについて

⑲子どもが「死ぬ」と口にするとき

Q　四歳の子どもを担当している保育士です。少し注意すると、「どうせ僕なんて死んだほうがいいんでしょ」と口にします。わずか四歳の幼い子が、死ぬなんて言うのです。大丈夫でしょうか。心配です。どう対応したらいいのでしょうか。

A　確かに、とても心配です。四歳の子どもが口にするとは、本当にドキッとするような言葉です。幼い子どもが「死ぬ」という言葉を口にすること自体、その子の生活している状況が心配です。そうした言葉を口にする人が身近にいるのかもしれませんし、子ども自身がそうした言葉を浴びせられているのかもしれないからです。その子を取り巻く、そうした生活上の心配が第一にしなければならないことだと思います。大げさに言えば、虐待の心配さえあるからです。

一方、四歳の子どもが「死」をどの程度理解しているのかというと、その点では心配する気持ちが少し軽くなると思います。いのちの教育の領域でよく知られていることですが、子どもが死を理解する発達段階というものがあります。人は死を最終的には、不動性（死んだら動かない）、不可避性（誰もがいつかは死ぬ）、不可逆性（死んだ人は生き返らない）という三つの点から理解するのです。

発達的にいうと、四歳の子どもは不動性が理解できているだけです。つまり、死んだ人と寝ている人の区別がつきません。例えば、お葬式で棺桶の中に横たわっているおばあちゃんを見て、母親に「おばあちゃんは、いつまで寝ているの。起きたら、また遊んでくれるかな」などと言ったりすることもあるかもしれません。ですから、その子が「どうせ死んだほうがいいんでしょ」と言ったのは、「どうせ、家に帰って寝たほうがいいんでしょ」というくらいの意味かもしれないのです。そうした意味では、死を口にしたからと言って、深刻に心配する必要はないのかもしれません。

そうした心配とは別に、冒頭で申しましたように虐待など深刻な事態の心配は、決してやりすぎということはありません。子どもの言動だけでなく、しっかりと身体的なことも含めて観察するという姿勢は、保育者にとってとても大切なことだと思います。

⑳子どもの深刻な問いにどう答えるか

Q　小学校の養護教諭です。保健室に時々やってくる児童が、ふっとため息をついていることがあります。どうしたのか聞いてみると、なんだか不安で生きていることが不思議な気がするというのです。この先どうなっていくのか、なんで生まれてきたのかなどが頭から離れないというのです。ただ私は話を聞いてあげることしかできないのですが、それでいいのでしょうか。

A なぜ生まれてきたのか、なぜ生きているのか、これから先どうなっていくのか、そもそも生きるとはどういうことなのか、死んだらどうなるのか、こうした深刻で真剣な問いに直面することを、私は「いのちの体験」と呼んでいます。私たちの調査（近藤、二〇〇七）によれば、小学校の中学年くらいから中学生くらいのころに、多くの子どもがこうした体験をすることがわかっています。

この問いについては、誰も答えを示すことができません。おそらく周りにいる先生や親など、大人さえ的確な答えを示すことはできないのだと思います。そんなときに、子どもたちが自分一人でこの大きな重い問題を抱えて、孤独に苦しみ悩むことがあります。それは本当に苦しくつらいことです。結局、正解の得られない問いだからです。ときにはその問題を「棚上げ」することも大事です。

「千と千尋の神隠し」「ハリー・ポッター」そして「スタンド・バイ・ミー」という映画をご覧になったでしょうか。一〇歳から一二歳の少年少女の冒険物語です。ただ、それは単なる冒険ではないのです。実は、そこには隠れたテーマがあります。それが「いのちの体験」です。

千尋は、魔法の力で自分の名前を奪われています。自分は何者なのか、どこからきてどこへ行こうとしているのか、それさえ見失っています。ハリーは、人間の子どもではないという現実を突きつけられて、それでは自分は何者なのかがわからなくなっています。スタンド・バイ・ミーの主人公ゴーディは、両親が自分のことを振り返ってくれません。大学生の長男を亡くした悲しみで、両親の心には自分の存在がないように感じられます。

こうして、それぞれの映画の主人公は、自分とは何者かという「いのちの体験」に直面するのです。そこで重要なのが、身近にいて自分と同じ体験をして感情を共有してくれる親友なのです。

子ども同士のことですから、結局答えが見つかるわけではありません。ただ、自分が一人ではないのだということ、そしていつでも友だちがそばにいてくれることによって、力を合わせて「いのちの体験」を乗り越えていったのだと思います。

主人公たちの体験は、映画ですから、とてもドラマティックですが、現実の子どもは、ご質問のお子さんのように、保健室に来て何気ない会話を通して、自分は一人ではないという確認をしているのだと思います。先生が、話を聞いてあげているということですから、そんなふうに一緒に思いを共有してあげれば、それで十分だと思います。

㉑棚上げと先送りの違い

Q　小学校の教諭です。先の質問でなぜ生きているのか、生きることにはどんな意味があるのか、そうしたことを考えても、結局結論は得られず「棚上げ」することも大事だと言われましたがそれはどういうことでしょうか。またそれは「先送り」とは違うのでしょうか。

A　「棚上げ」は、回答不能あるいは回答のない問題が対象です。何度考えても、結局回答にたどり着けない。その結果「棚上げ」にします。あるいは「棚上げ」にせざるを得ません。そして、しばしば棚からおろして、また考えたりしますが、再度「棚上げ」にします。

それに対して、「先送り」は、回答可能だけれども複数の回答からひとつを選びきれない問題などが対象となります。この場合は、どこかの段階で回答を選択して、決定していかなければならないと思います。問題によっては、「先送り」は不適切なこともあるかもしれないのです。

なぜ生きているのか、生きるとはどういうことか、死んだらどうなるのか、命とはなにかなど、考えてもどうしても答えを出せない、あるいは答えに納得できない問いがあります。こうした問いは、まったく避けるのではなく、しばし考えてから棚上げにします。膝の上に抱いたままでは、人生の列車の旅を楽しく続けられないからです。だから、その荷物を網棚に上げるのです。

ただ、こうした問いに最初に出会うのは小学生や中学生のころです。一人では抱えきれない、自分だけでは網棚に上げきることができないような重い問いです。ですから、誰か身近な人と力を合わせて、網棚に上げる必要があります。誰かの手助けが必要なのです。つまり、思いを共有して共に問題に取り組む誰かです。だからこそ、それまでの生活の中で、身近な誰かと思いを共有する体験を、少しでもたくさん経験しておくことが必要なのです。

【参考文献】

朝日新聞（二〇一九）．Photo Story：研修にチャンバラ．四月二七日夕刊
新井紀子・松崎拓也（二〇一二）．ロボットは東大に入れるか？―国立情報学研究所「人工頭脳」プロジェクト―．人工知能学会誌、二七巻第五号、四六三―四六九
Cook, M. (1970). Experiments on Orientation and Proxemics. Human Relations Volume 23 Number 1 pp 61-76
Daniel, S. (2010). The Monkey Business Illusion. https://www.youtube.com/watch?v=IGQmdoK_ZfY&feature=emb_logo
Dweck, C. S. (1999). Caution··Praise can be dangerous. American Educator. American Federation of Teachers.Spring 1-5,
Fromm, E. (1956). The Art of Loving. Harper & Row, Inc. エーリッヒ・フロム（鈴木晶訳）（一九九一）．『愛するということ』紀伊國屋書店
芳賀定・三輪直子・芳賀留美・望月かおり（二〇一八）．子どもの心身の発達から歯磨き動作（行動）の発達を考える．小児歯科臨床、第二三巻第一〇号、五九―六九
半村良（一九六九）．収穫．石川喬司・福島正実（編）世界ＳＦ全集35 日本のＳＦ（短編集）現代篇所収、早川書房
ＩＫＵＳＡ（二〇一九）．チャンバラ合戦―戦ＩＫＵＳＡ―の強み．https://tyanbara.org/business/advantage/
伊藤美奈子（二〇一四）．自尊感情が低い子どもたち―自己否定感をもたらすものは何か？―．児童心理二〇一四年六月号、金子書房
James, W (1890). The Principles of Psychology. Dover Publication, Inc.

北山修（二〇〇五）．共視論―母子像の心理学―．講談社
国立青少年教育振興機構（二〇一七）．子供の頃の体験がはぐくむ力とその成果に関する調査研究．平成二九年四月二五日
近藤卓（二〇〇七）．心理社会的発達段階といのちの認識の発達　近藤卓（編著）いのちの教育の理論と実践．金子書房
近藤卓（二〇一〇）．自尊感情と共有体験の心理学―理論・測定・実践―．金子書房
教育再生実行会議（二〇一七）．自己肯定感を高め、自らの手で未来を切り拓く子供を育む教育の実現に向けた、学校、家庭、地域の教育力の向上（第十次提言）．https://www.kantei.go.jp/jp/singi/kyouikusaisei/pdf/dai10_1.pdf
Maslow, A. H.（上田吉一訳）（一九六四）．完全なる人間―魂のめざすもの―．誠信書房
ミヒャエル・エンデ（大島かおり訳）（一九七六）．モモ―時間どろぼうとぬすまれた時間を人間にかえしてくれた女の子のふしぎな物語―．岩波書店
齊藤勇（編）（一九八七）．対人社会心理学重要研究集Ⅰ．誠信書房
サン＝テグジュペリ（渋谷豊訳）（二〇一五）．人間の大地．光文社古典新訳文庫
Scaife, M., Bruner, J. S.（1975）. The Capacity for Joint Visual Attention in The Infant. Nature Vol.253 265-266
Sikora, J., Evans, M. D. R., Kelly, J.（2018）. Scholarly Culture: How Books in Adolescence Enhance Adult Literacy, Numeracy, Technology Skills in 31 Societies. Social Science Research, 77 1-15
生徒指導・進路指導研究センター（編）（二〇一五）．生徒指導リーフ：「自尊感情」？それとも、「自己有用感」？．国立教育政策研究所
鈴木彩之・近藤卓（二〇〇七）．ジブリ映画における共視の映像分析．学校メンタルヘルス、Vol・10

二〇〇七、七五―八一
高橋功（二〇一八）．〝Degres des ages〟その(1)―19世紀フランスの人間発達観―．山陽学園大学ＨＰ．
http://www.sguc.ac.jp/profile/sanyolab/teachers_column
高橋功（二〇一八）．〝Degres des ages〟その(2)―共に何かを見る―．山陽学園大学ＨＰ．
http://www.sguc.ac.jp/profile/sanyolab/teachers_column
高儀郁美・山本澄子・矢野芳美・中田真依・中澤洋子・中村恵子（二〇一五）．看護系大学生における自尊感情の実態―ＳＯＢＡ ＳＥＴを用いて―．北海道文教大学研究紀要、Ｎｏ．三九、三一―二七
栃木県総合教育センター（二〇一三）．高めよう！自己有用感～栃木の子どもの現状と指導の在り方（第Ⅲ章「自己有用感尺度」と分析ツール）．栃木県総合教育センター
https://www.tochigi-edu.ed.jp/center/cyosa/cyosakenkyu/h24_jikoyuyokan/data/h24_jikoyuyokan_03.pdf
東京ドームシティ　東京ドームとは
https://www.tokyo-dome.co.jp/tourists/dome/about.html
辻村深月（二〇一七）．かがみの孤城．ポプラ社
山極寿一（二〇〇三）．ｅメール時評「共に見る」ことの力．朝日新聞二月五日夕刊

イラスト　近藤伸子

著者紹介

近藤　卓（こんどう　たく）

略歴：1948年生まれ。日本ウェルネススポーツ大学スポーツプロモーション学部教授。専門は健康教育学、臨床心理学。博士（学術）、臨床心理士。日本いのちの教育学会・理事長、日本学校メンタルヘルス学会・理事、公益社団法人青少年健康センター・理事、一般社団法人誕生学協会・顧問などを兼務。東京大学大学院教育学研究科博士課程単位取得満期退学。高等学校教諭、中学校・高等学校カウンセラー、ロンドン大学研究員、東海大学教授、山陽学園大学教授などを経て現職。

主な著書：

『いじめからいのちを守る』金子書房、2018
『子どものこころのセーフティネット』少年写真新聞社、2016
『乳幼児期から育む自尊感情』エイデル研究所、2015
『基本的自尊感情を育てるいのちの教育』（編著）金子書房、2014
『子どもの自尊感情をどう育てるか』ほんの森出版、2013
『PTG 心的外傷後成長』（編著）金子書房、2012
『二十歳までに考えておきたい 12 のこと』（編著）大修館書店、2012
『自尊感情と共有体験の心理学』金子書房、2010
『死んだ金魚をトイレに流すな』集英社、2009
『いのちの教育の理論と実践』（編著）金子書房、2007
『「いのち」の大切さがわかる子に』PHP研究所、2005
『パーソナリティと心理学』（編著）大修館書店、2004
『いのちの教育』（編著）実業之日本社、2003
『いのちを学ぶ・いのちを教える』大修館書店、2002　他多数。

誰も気づかなかった子育て心理学

基本的自尊感情を育む

2020年1月24日　初版第1刷発行　　　検印省略

著　者　近　藤　　卓
発行者　金　子　紀　子
発行所　株式会社　金　子　書　房

〒112-0012　東京都文京区大塚3－3－7
電　話　03-3941-0111(代)
ＦＡＸ　03-3941-0163
振　替　00180-9-103376
URL　http://www.kanekoshobo.co.jp

印刷　藤原印刷株式会社／製本　一色製本株式会社

ISBN 978-4-7608-2845-6　C0011